Joh. Nep. Diepolder

Theologie und Kunst im Urchristentum

Oder die ersten provisorischen Blätter zu einer systematischen Geschichte der

christlichen Monumentaltheologie

Joh. Nep. Diepolder

Theologie und Kunst im Urchristentum
Oder die ersten provisorischen Blätter zu einer systematischen Geschichte der christlichen Monumentaltheologie

ISBN/EAN: 9783743491298

Hergestellt in Europa, USA, Kanada, Australien, Japan

Cover: Foto ©ninafisch / pixelio.de

Manufactured and distributed by brebook publishing software
(www.brebook.com)

Joh. Nep. Diepolder

Theologie und Kunst im Urchristentum

THEOLOGIE und KUNST

IM URCHRISTENTUM

ODER

DIE ERSTEN PROVISORISCHEN BLÄTTER

ZU EINER

SYSTEMATISCHEN GESCHICHTE

DER

CHRISTLICHEN MONUMENTALTHEOLOGIE.

––––––––

EIN HISTORISCH-EXEGETISCHER VERSUCH

VON

Dᴿ· JOH. NEP. DIEPOLDER.

MIT FÜNF TEXTILLUSTRATIONEN UND AUS DREI BEILAGEN BESTEHENDEM
ANHANG.

AUGSBURG.

VERLAG DER KRANZFELDER'SCHEN BUCHHANDLUNG.

1882.

VORWORT.

Wenn man vielfach die Zeit, in der wir leben, das Zeit-
alter der »Konkurrenz« nennt, so wird man Niemanden,
der dieses thut, Unrecht geben können. Die Konkurrenz war
in der That niemals eine so lebhafte, alle menschlichen Lebens-
und Wissensgebiete erfassende, wie gerade in unseren Tagen.
Ein vergleichender Blick in die älteste, mittlere und jüngste
Vergangenheit würde dieses zur Genüge bestätigen.

Man hat die Konkurrenz der Gegenwart auch vielfach als
jenen bösen Dämon bezeichnet, der die soziale Misère von heute
heraufbeschworen, und möchte sie deshalb in hiervon betroffenen
Kreisen gerne beseitigt wissen. Es mag an der Sache viel
Wahres sein, doch wer einen näheren Einblick in die Ursachen
unserer sozialen Zustände hat, wird, wenn er ein mit aller Ob-
jektivität vorgehender Sozialpolitiker sein will, sagen müssen,
dass es ihr an Helfershelfern nicht gefehlt habe. Wer möchte
eine Konkurrenz, so lange sie sich in den Grenzen der Sittlichkeit bewegt, und nicht das Böse zum Objekte hat, aus der
Welt eliminiert wissen? Auf einem Gebiete, wo dieselbe schläft,
fehlt der wahre Lebenswecker, können die Zustände nur lethar-
gische sein. Um wie viele schöne Früchte auf wissenschaft-
lichem, technischem, gewerblichem und landwirtschaftlichem
Gebiete wären wir nicht gebracht ohne die Konkurrenz unserer
Tage? Doch unstreitig den grössten Nutzen daraus hat die
religiöse und profane Kunst gezogen. Zeuge hiervon sind die
allerorts veranstalteten und gleichsam zur Mode gewordenen
Kunstausstellungen. Die Höhe, auf der wir heute beide Künste

erblicken, verdanken sie zumeist der persönlichen wie sachlichen Konkurrenz. Aber nicht blos die praktische, für das wirkliche Leben berechnete Kunst hat hierdurch profitiert, sondern auch die Geschichte der Kunst. Wenn auf dem Felde der christlichen Archäologie die reichsten und goldensten Aehren heute vor uns prangen, so verdanken wir dieses in jeder Beziehung fast wunderbare Ergebnis gleichfalls wiederum der Konkurrenz, jenen vielen rastlosen Händen, von denen der Pflug darauf mit allem Geschick und Verständnis geführt wird.

Einen und zwar den ältesten wie interessantesten Teil der christlichen Archäologie bildet bekanntlich die »*Roma Sotterranea*«, die in vorliegender Publikation mit Rücksicht auf ihren theologischen Ideeenkreis zur Besprechung gelangt. Die erste Anregung zur Abfassung vorstehender Schrift gewannen wir durch die eingehende und wiederholte Lektüre von Kraus' Roma Sotterranea, der wir auch das Meiste, was diese Schrift in ihrem zweiten Teile den Lesern bietet, verdanken. Was wir dort und anderwärts für unsern vorgesteckten Zweck als brauchbar erachten durften, haben wir gesammelt und unter einheitlichen Rubriken hier zum Abdruck gebracht. Dadurch wurde unsere Abhandlung wie von selbst zu einer summarischen Geschichte der urchristlichen Monumentaltheologie.

Mit ihrem Inhalt wendet sich unsere Schrift an die Gebildeten aller Stände, vorzugsweise aber an den Klerus und an solche, welche Theologen in des Wortes wahrer Bedeutung sein oder werden wollen. Denn der dürfte in unseren Tagen nicht mehr den Namen eines wahren Theologen verdienen, der die Religion blos aus geschriebenen und gedruckten Dokumenten kennt, und den Fond seines theologischen Wissens lediglich daraus, und nicht auch aus Denkmälern der bildenden Kunst geschöpft hat. Denselben Gedanken, nur in palliativer Weise, glauben wir auch bei Kraus zu entdecken, wenn er im Vorwort zur ersten Auflage seiner Roma Sotterranea sagt: »Das unterirdische Rom ist ein Boden geworden, an dem kein Hi-

storiker, kein Kunstgelehrter, kein Forscher in Dingen mensch-
licher Kultur und Sitte, vollends kein T h e o l o g e vorübergehen
darf, ohne wenigstens einen Blick in diese bisher so rätselhafte,
nun allmählich sich entschleiernde Welt zu thun«. Und an demselben Orte, nur etwas weiter unten, sagt derselbe Autor: »Die
monumentale Theologie und die christliche Archäologie müssen
ihre Stellung im theologischen Unterrichte erhalten, sollen die
Kandidaten des Priestertums in einem den Forderungen unserer
Zeit entsprechenden Masse geschickt werden, in der jugendlichen Erscheinung der altchristlichen Kirche die geliebten Züge
derjenigen wiederzufinden, welche sie selbst als die Mutter ihres
geistigen Lebens ehren«.

So muss also, wer ein richtiger Theologe sein oder werden
will, die Geschichte der christlichen Kunst, wenigstens in ihren
Hauptmomenten, kennen lernen, und wiederum kann nur die
Geschichte der religiösen Kunst recht würdigen und verstehen,
wer Theologe ist.

Das Studium der religiösen Kunstwerke und ihrer Geschichte
empfiehlt sich jedem, aber namentlich dem unter gebildeten
Christen wirkenden Geistlichen von heute, und dürfte in vielen
Fällen für ihn nicht blos Sache der Opportunität, sondern eine
Forderung seiner beruflichen Pflicht sein. Wenn man in einer so
materiell gesinnten und ethisch unebenen Welt, wie die heutige
ist, lebt, dürfte es dem Priester nur in den wenigsten Fällen
gelingen, mit seiner Wirksamkeit den Eingang zu den menschlichen Herzen lediglich durch Berufung auf seine »*dignitas sa-
cerdotalis*«, und wäre dieselbe auch von hoher Frömmigkeit begleitet, glücklich zu finden. Die Disposition über Kenntnisse,
wofür auch die Welt sich begeistert, wird hier mehr imponieren,
mehr nützen und das vorher Unmögliche eher ermöglichen.
Aber gerade für die religiöse Kunst hat auch die Welt noch ein
Interesse, wenn wir allerdings auf der anderen Seite wiederum
bedauern müssen, dass es nicht ebenso gross oder noch grösser
ist, als für die profane Kunst,

Wohlan denn, auf zum Studium der christlichen Kunstwerke und ihrer Geschichte, ihr Alle, die ihr die praktische
Verwertung der Theologie für euch selbst und andere zu euerem
Lebensberufe wählen werdet, oder denselben darin bereits er-
blicket! Der Uebergang von da zu dem, was ihr mit euerem
geistlichen Wirken eigentlich wollt und sollt, wird sich leicht,
und in vielen Fällen nicht ohne den erwarteten Nutzen finden
lassen.

Der der Abhandlung beigegebene Anhang steht allerdings
mit dem hier besprochenen Gegenstand in keinem Zusammenhang, darf aber deshalb nicht ohne alle Beziehung zur religiösen
Kunst und monumentalen Theologie gedacht werden. Seine
Aufnahme erfolgte mit Rücksicht auf die dem Seelsorgeklerus
angehörigen Leser, die hierin eine nicht unwillkommene Gabe
finden dürften.

Und so möchten denn diese mit so grosser Liebe zur Sache
geschriebenen Blätter eine ebenso allgemeine und freundliche
Aufnahme finden, wie unser Tempelbau. Es wäre dieses für
uns eine neue Ermunterung zu fortgesetztem Studium und immer
grösserer Vervollkommnung unserer Kenntnisse auf dem fast
endlosen Gebiete der Kunst. Und gewährt die Vorsehung uns
noch ein längeres Leben, und finden wir durch Gott und ge-
rechte Menschen einstens die Stelle, zu deren Uebernahme wir
uns schon über ein Dezennium mit allem Ernste vorbereiten, so
soll dieses noch nicht unsere letzte Publikation gewesen sein.

Wien, *in die dedicationis S. Mariae ad Nives 1881.*

J. N. Diepolder.

INHALT.

EINLEITUNG.

I.

Begriff der katholischen Theologie. Fixierung ihres Ideeenkreises.

Nnter Theologie im Allgemeinen versteht man die religiöse Wissenschaft. Da in der Welt mehrere Religionen bestehen, die einer wissenschaftlichen Behandlung fähig und wovon viele einer solchen auch wirklich unterworfen sind, so gibt es mehrere religiöse Wissenschaften. Demgemäs spricht man von einer katholischen, protestantischen, jüdischen oder rabbinistischen und heidnischen Theologie.

Das Wort Theologie lässt einen aktiven und passiven Sinn zu, und man begreift nach der gegebenen Distinktion darunter bald die wissenschaftliche Behandlung der religiösen Lehren, bald die Summe der durch diese Tätigkeit zu Tage geförderten Ergebnisse. In diesem letzteren Sinne spricht man von einem Studium der Theologie.

Die katholische Theologie widmet sich der wissenschaftlichen Behandlung der kirchlichen Lehren oder sie ist die an der Hand von Prinzipien vor sich gehende Reflexion über das Lehrgebiet der Kirche. In ihrem formellen Objekte ist sie selbstverständlich, wie alles Geschaffene und Gewordene, einer endlosen Erweiterung und Veredlung fähig und wird deshalb nie zu einem fertigen Abschlusse gelangen.

Etymologisch bedeutet Theologie — von Θεός und λόγος — die Rede, die Lehre oder das Wissen von Gott. In seine einzelnen Teile zerlegt ist dieses Wort eine Schöpfung des

griechischen Heidentums, als Ganzes betrachtet erweist es sich
aber als ein spezifisch christliches Werk. Der Ausdruck Theologie ist der gesammten Literatur der alten Griechen fremd
und findet sich erst in den Schriften der apostolischen Väter
und auch in diesen nicht vor dem zweiten christlichen Jahrhundert. Die sachliche Bedeutung dieses Wortes oder die hierdurch zum Ausdrucke gelangenden Ideeen haben wir deshalb
bei den christlichen Schriftstellern zu suchen.

Dem Terminus Theologie analoge Bezeichnungen sind Religion und Christentum. Beide drücken in kollektiver Kürze
das Materialobjekt der katholischen Theologie aus.

Unter Religion[1]) — eine von lateinischen Schriftstellern[2])
dem Sprachschatze der alten römischen Theologie entlehnte
Bezeichnung — verstand man von jeher das Verhältnis des
Menschen[3]) zu Gott. Die Betätigung dieses Verhältnisses kann
mehreren Modifikationen unterworfen sein, je nachdem bald
mehr die praktische Seite — die Gottesverehrung[4]) — bald
mehr die theoretische — die Gotteserkenntnis kultiviert wird.
Sodann fasste man dieses Verhältnis bald mehr objektiv als
bestimmte Ordnung und Weise der Gotteserkenntnis und Gottes-

---

[1]) Religio est, quae superioris cuiusdam naturae (quam divinam vocant)
curam caerimoniamque affert. Cic. de invent. II, 53. — Qui omnia, quae ad
cultum deorum pertinerent, diligenter tractarent et tanquam relegerent, sunt
dicti religiosi. Id. nat. deor. II, 28.

[2]) Videte enim, ne et hoc ad irreligiositatis elogium concurrat adimere
libertatem religionis et interdicere optionem divinitatis, ut non liceat mihi colere,
quem velim, sed cogar colere, quem nolim. Tert. apol. 24. — Diximus nomen
religionis a vinculo pietatis esse deductum, quod homines sibi deus religaverit et
pietate constrinxerit, quia servire nos ei ut domino et obsequi ut patri necesse est.
Lact. div. inst. 4, 28. — Hunc ergo (deum) religentes, unde et religio dicta
perhibetur. Ad eum dilectione tendimus, ut perveniendo quiescamus, ideo beati,
quia illo fine perfecti. Aug. civ. dei X, 3 n. 1.

[3]) Illud primum (coniungi cum deo) religio dicitur. Lact. l. c. VI, 10.
Hac conditione gignimur, ut generanti nos deo iusta et debita obsequia praebe-
amus, hunc solum noverimus, hunc sequamur. Hoc vinculo pietatis obstricti,
deo religati sumus, unde ipsa religio nomen accepit. Ibid. IV, 28.

[4]) Idem deus est, qui et intelligi debet, quod est sapientiae, et honorari,
quod est religionis. Sed sapientia praecedit, religio sequitur, quia prius est, deum
scire, consequens colere. Lact. l. c. IV, 4.

verehrung, bald mehr subjektiv als Verwirklichung dieses Verhältnisses zu Gott in den Einzelnen. [1]) Dass zum vollen Begriffe der Religion nicht bloss die Gotteserkenntnis, sondern auch die Gottesverehrung[2]) gehört, nur beide Momente in ihrer unzertrennlichen Verbindung wahre Idealität zu begründen vermögen, ist eine uralte kirchliche Lehre. Gleichwohl kann in Wirklichkeit bald das theoretische Moment mehr entwickelt sein, wie wir es an den Scholastikern wahrnehmen, bald das praktische Moment mit Vorzug individuellen Ausdruck gewinnen, wie es seinerzeit bei den Mystikern der Fall war. Einseitig wurde das Wesen der Religion fast von allen ausserhalb der Kirche Stehenden bestimmt. Den Gnostikern, Eunomianern und den Philosophen Kant, Fichte, Schelling, Hegel ist die Religion nur die Erkenntnis Gottes, während die Marzioniten, Manichäer, Pelagianer, Apostoliker, Arnaldisten, Waldenser, Hussiten, Anabaptisten, Pietisten, Herrnhuter, Sozinianer und Arminianer das eigentliche Wesen der Religion ausschliesslich in der Verehrung Gottes suchen.

Unter Christentum[3]), gleichfalls wie Religion ein mit Theologie verwandter Terminus, verstand man von jeher die Religion und Offenbarung per eminentiam. Sein Wesen bestimmte man als wahre Erkenntnis und Verehrung Gottes des Dreieinen, als allein wahre Theologie, höchste und allgemeine Philosophie. Von dieser Begriffsbestimmung wurde in konkreten Fällen, wie bei Religion, bald das theoretische, die Erkenntnis Gottes, bald das praktische Moment, der Kult Gottes, mit Prävalenz des einen über das andere, realisiert.

Wir kehren nach diesen dilatorischen Bemerkungen wiederum zu unserem Ausgangspunkte zurück. Der Bezeichnung Theologie

---

[1]) In sola enim religione, id est, in summi dei notione sapientia est. Lact. ira dei 22. — Religio scientia est dei. Salvian. avar. II, 9.

[2]) Lact. l. c. IV, 8. — Religio, qua imbuti sumus, pietas, qua deum colimus. Aug. pecc. merit. rem. II, 2

[3]) Ἀληθὴς θεοσέβεια Justin. coh. c. I. — Εὐσέβεια, οὐχ ἡ ψευδώνυμος καὶ πολυπλανής, ἀλλ' ἡ σὺν ἀληθείᾳ τὴν προσηγορίαν ἐπιγραφομένη. Eus. P. E. I, 1. — Sola religio christiana est proprie vere et antanomastice dicenda religio. Gerson c. Grabon. prop. II.

($\vartheta\epsilon o\lambda o\gamma i\alpha$), begegnen wir zuerst bei den griechischen Schriftstellern. Sie verstehen darunter jenen Teil der christlichen
Religionslehre, welcher von Gott (an und für sich = Aseität
Gottes) und den drei göttlichen Personen handelt. Den Teil
der Religionslehre aber, welcher sich mit der Menschwerdung
des Sohnes Gottes, und der daran geknüpften Erlösung, kurz
mit der gesammten Heilsoffenbarung befasst, nennen sie die
Oekonomie Gottes ($o\iota'xo\nu o\mu i\alpha$ $\tauo\bar{\upsilon}$ $\vartheta\epsilon o\bar{\upsilon}$).

Häufiger als die griechischen Kirchenschriftsteller [1]) gebrauchen den Ausdruck Theologie die lateinischen Väter. Sie
verstehen darunter zuerst die Lehre von Gott und seinen Voll-
kommenheiten, sodann auch die Lehre von der Verehrung Gottes
und überhaupt von allen göttlichen Offenbarungswahrheiten.

Im Mittelalter, wo die theologischen Studien sich vielfach
nur mit Schematen und Formalien befassten, fing man an,
zwischen Theologie im engeren und weiteren Sinne zu unterscheiden. Als Aufgabe der Theologie im engeren Sinne betrachtete man die Lehre von Gott und seinen Attributen, ferner
den aus seiner trinitarischen Individualität sich ergebenden Eigen-
tümlichkeiten und seinem allgemeinen Verhältnis zur Aussen-
welt, während die Lehre von Gott als der Ursache des Uni-
versums, also von den Werken Gottes, von den göttlichen Wirk-
ursachen und Wirkungsweisen die Theologie im weiteren Sinne
vorzutragen und zu erörtern hatte. Diese teilte sich wiederum
in zwei Abschnitte. Der erste hiervon betrachtet Gott als die
Ursache alles Natürlichen (auctor naturae), der zweite als die
Ursache aller die Heiligkeit seines Wesens nicht aufhebender
Uebernatur (auctor gratiae).

Gegenstand der Theologie ist demgemäs auch die Verbindung des göttlichen Wesens mit dem menschlichen. Dieselbe kann nicht blos eine durch göttliche Kausalität gewirkte sein, sondern sogar den Grad göttlicher Individualität
erreichen, wie wir solches tatsächlich bei Christus sehen. Eine
Verbindung zwischen dem göttlichen und menschlichen Ele-
ment kann indessen auch durch die Willenseinigung der

---

[1]) Liebermann, instit. theol. edit. nona tom. I. pag. 1.

menschlichen mit der göttlichen Intelligenz zu Stande kommen. Wir nennen sie moralische Union. Sie ist für den Menschen die Quelle aller Moralität und Pietät gegen Gott. Direktiven für die Betätigung dieser Willensrichtung besitzt der Mensch an den ihm gebotenen und empfohlenen Sittengesetzen, die Betätigung selbst indessen gelangt zu ihrem Ziele nur auf dem Wege der göttlichen Gnade. Eine Einigung des göttlichen Willens mit dem menschlichen ist jedoch nicht in allen Fällen immer und allzeit möglich, das Objekt des menschlichen Willens hält gar vielfach kaum die Mitte zwischen Gut und Bös, steht zum öfteren sogar tief unter dem Guten und entbehrt deshalb des göttlichen Placet. Dadurch entsteht im Menschen das, was wir Sünde nennen.[1])

Mit dieser gegebenen Einteilung hatte sich jedoch die separatistische Kraft der mittelalterlichen Theologie noch nicht erschöpft. »Qui bene distinguit, bene docet« tönte es unter den Literaten von Mund zu Mund, und voller Begeisterung begrüsste man diese in kürzester Zeit zum Sprichwort gewordene Bezeichnung als den Talisman der Wissenschaft und brachte sie fast bei jedem literarischen Unternehmen dieser Zeit hoch zu Ehren. Es wäre geradezu eine den Geist mehr tötende als anregende Beschäftigung und somit gegen das Interesse unserer Schrift, wollten wir all diese Einteilungen mit ihren Revisionen und Superrevisionen an den Augen unserer Leser vorüberführen. Das Volumen dieser Schrift würde sich hierdurch um ein Merkliches vergrössern, und gerade auch deshalb sehen wir uns veranlasst, von einer so mühereichen und doch so nutzlosen Arbeit Umgang zu nehmen.

Die vielfach gehörten Ausdrücke thomistische oder scholastische Theologie und skotistische Theologie bezeichnen nur zwei verschiedene, von einander unabhängige theologische Schulen oder zwei verschiedene Arten des formalen Aufbaues der theologischen Wissenschaft, womit in der Regel auch eine Divergenz der Ansichten bei Erörterung kirchlicher Kontroverspunkte zwischen beiden Schulen sich verbindet.

---

[1]) Peronne, prael. theol. prolegom. pag. 11.

Den ersten Theologen[1]) in der Welt machte Gott der
Ewige selbst. Er ist der erste Theologe nicht blos der Zeit,
sondern auch dem Wissen und der Würde nach. Als Quelle
aller Erkenntnisse ist sein theologisches Wissen ebenso uner-
schöpflich als es das unmittelbarste ist, dessen Anerkennung
göttliche Auktorität zur Seite steht. Diese innerweltliche Lehrtätigkeit Gottes begann unmittelbar nach Erschaffung der ersten
Menschen und ein Bild hiervon entnehmen wir dem ersten Buche
der Genesis[2]), auf dessen ersten Blättern der von Gott unseren
Stammeltern gegebene Unterricht allerdings nur in summarischen
Zügen vor unser Auge tritt. Es wird daselbst uns mehr der
Beginn dieses göttlichen Unterrichtes bezeugt als das Unter-
richtsmaterial selbst uns geboten. Die erste theologische Lehr-
kanzel stand also im Paradiese. War der Name Theologie dem
Alten Bunde auch fremd, so fehlte ihm doch nicht die Sache.
Die theologischen Lehrer des alten Bundes waren Jehovah für
die Patriarchen und Propheten und diese für den Rest der jü-
dischen Bevölkerung.

Wie bei den Juden, so standen noch mehr bei den Heiden
die Priester jeder theologischen Lehrtätigkeit ferne. Bei den
Heiden lag jede Kenntnis und Weisheit in den Händen der
Dichter, Philosophen und Gesetzgeber. Das Priestertum war
nicht ein Lehrkörper, welchem der Unterricht in der Religion
und den Sitten oblag; der Stand der Priester hatte weder eine
religiöse Lehre zu bewahren noch eine vorzutragen, da bei den
Griechen überhaupt über die Religion Nichts gelehrt wurde und
die Göttermythen sich von Mund zu Mund, durch die allgemein
gelesenen Dichterwerke, fortpflanzten. Plutarch und Dio Chrysostomus[3]) nennen nicht die Priester, wenn sie die Männer auf-
zählen, bei denen man in religiösen Fragen sich beraten könne,
sondern die Dichter, Philosophen und Gesetzgeber.[4]) Die Theo-

---

[1]) Zu dem Namen Theolog bemerkt Liebermann a. a. O. p. 2: Hodie
usus invaluit, ut is tantum theologus dicatur, qui religioni revelatae studia sua
consecrat.

[2]) 1 Mos. 2. 3.

[3]) Hettinger, Apologie des Christentums I. 2. S. 60.

[4]) Döllinger, Heidentum und Judentum. S. S. 221, 181.

logie war bei den Heiden nur Sache der Wenigen, nicht des
Volkes, nur Anteil der aristokratischen Welt und hatte zufolge
einer von Aristoteles gegenüber seinem Zöglinge, dem König
Alexander von Mazedonien, gebrauchten Aeusserung fast durchgehends den Charakter einer Geheimlehre.[1])

Den ersten Theologen im Neuen Bunde machte gleichfalls
Gott und wiederum war es die gleiche göttliche Person, der
Logos, von der auch im Alten Bunde nach den Andeutungen
der heiligen Urkunden der erste religiöse Unterricht an die
Menschen ausging. Seit der Himmelfahrt des Herrn sind die
Apostel und die von ihnen eingesetzten Bischöfe die Vermittler
der Theologie. Seit dem Tode der Apostel sind ihre Amts-
nachfolger, die Bischöfe, und die von diesen mit der kanonischen
Mission betrauten Kleriker die offiziellen Verkündiger der göttlichen Offenbarungswahrheiten, die Lehrer der Theologie. Woran in der vorchristlichen Zeit bei Heiden und Juden dem Priestertum kein Anteil gewährt war, das bildet im Christentum
geradezu sein Monopol, ich meine das Recht Theologie zu
lehren (facultas docendi). Den Stand der Theologen bilden im
Christentum nur die Priester, was wohl darin seinen Grund hat,
dass der Logos, der Erztheologe des Neuen Bundes, gleichfalls
mit der priesterlichen Würde umgeben war. Die Namen Priester (Kleriker) und Theolog hängen unter sich so innig zusammen, wie die Namen Priester und Opfer, Opfer und Altar.
Einen erschöpfenden Begriff von dem einen Ausdruck erhalte
ich nur durch Hinzunahme des anderen oder, was dasselbe ist,
der eine Ausdruck enthält vielfach ganz oder wenigstens in ge-
teilter Weise die Erklärung in dem anderen und umgekehrt.
Was also das Priestertum in der vorchristlichen Zeit fast ganz
und gar entbehren musste, hat das Christentum ihm nur allein
zu Teil werden lassen.

---

[1]) Hettinger a. a. O. S. 87.

ERSTER ABSCHNITT.

Die Theologie des Urchristentums.

II.

Stand der urchristlichen Theologie in ihrer ungeschriebenen Form.

Der Stand und die Summe der Theologie als Wissenschaft war zur Zeit des Urchristentums fast mehr als primitiv. Das Christentum trat nicht als das Resultat einer wissenschaftlichen Forschung in die Menschengeschichte ein, vielmehr kündigte es sich als eine göttliche Offenbarung an. Die Theologie glich einem Samenkorn, das seine Pflanzenbildungen potenziell und substanziell noch in sich trägt, das noch gar nicht die Gestalt und den Umfang selbst für das geübteste und schärfste Auge erkennen lässt, zu welcher es emporwachsen wird.[1]

Seit der Himmelfahrt Christi war für die Anhänger der neuen Religion die persönliche Auktorität der Apostel der sie zum Glauben hinführende und bestimmende Grund. Obgleich Christus den Juden ein Aergernis, den Heiden eine Torheit war, so fand sich für die neue Religion in kürzester Frist doch eine Menge von Adepten. Sie traten in die Kirche ein, weil sie den Aposteln glaubten, d. h. überzeugt waren, dass diese Männer die Boten, die bevollmächtigten Gesandten eines Höheren seien, und dass der Inhalt ihrer Botschaft wahr sei. Nicht ein Buch überreichte man ihnen, aus dem sie mit peinigender Unsicherheit auf die Gefahr des Missverstehens hin die Summe des zu Glaubenden herauslesen sollten, sondern an eine lebendige, stets redende, Allen gleich offene und zugängliche Auktorität wurden sie verwiesen.

---

[1] Döllinger, Kirchengeschichte I. B.

Wer ein für das Höhere empfängliches Gemüt hatte, wer geweckten und aufgeschlossenen Geistes war, der nahm die Verkündigung der Heilswahrheiten ohne Appellation an wissenschaftlichen und gelehrten Apparat, dessen Erfindung erst noch gemacht werden musste, durch das Gehör in sein Herz auf.

Ein anderer Grund, der das Bedürfnis wissenschaftlicher Forschung in Sachen der Religion nicht aufkommen liess, lag in der geistigen und wissenschaftlichen Unmündigkeit Jener, denen zuerst das Christentum gepredigt wurde. Seine ersten und meisten Bekenner rekrutierte das Christentum aus dem gemeinen Volke, welche weder das Bedürfnis nach Theologie in sich trugen, noch selbst vermöge ihrer geistigen Begabung und ihres in Denkübungen nur wenig fortgeschrittenen Geistes zu theologisieren in der Lage waren. Aber auch die Gebildeten waren frei von einem solchen Bedürfnisse und wollten hiervon ohne nähere Veranlassung Nichts wissen, da noch die jüngste Vergangenheit sie gelehrt hatte, dass die wissenschaftlichen Bestrebungen in den meisten Fällen nur Unwissenheit, Ungewissheit und Zweifel zu ihrer Voraussetzung haben. Dass auch eine christliche Wissenschaft sich entwickeln solle und werde, davon hatte man noch keine Ahnung. Der beseligende Inhalt des Christentums ersetzte, wenigstens ihnen, alle, selbst die goldensten Früchte der Wissenschaft.

Anders gestaltete sich die Sache seit dem Tode der Apostel. Die Kirche war in fortwährendem Wachstum begriffen. Die Zahl derer, welche in die Kirche aufgenommen zu werden wünschten, wurde mit jedem Tage grösser. Der Glaubensgrund für sie war nicht mehr die persönliche Auktorität der Apostel, die ja mit Ausnahme des Apostels Johannes das Zeitliche bereits gesegnet hatten, sondern die persönliche Auktorität der Vorsteher der Gemeinden, die, wenn sie nicht unmittelbare Schüler und Nachfolger der Apostel waren, so doch ihre Stelle vertraten, im Namen und Auftrage der Apostel fungierten. Die Katechumenen waren also auch nach dem Tode der Apostel, um die Summe ihres Glaubens zu erfahren und kennen zu lernen, nicht etwa an eine schriftliche Urkunde gewiesen, sondern noch immer an die m ü n d l i c h ü b e r l i e f e r t e Lehre der Apostel.

Ihre Verweisung auf die Sammlung der apostolischen Schriften
war schon deshalb nicht leicht möglich, weil eine fest ge-
schlossene Sammlung hiervon noch lange nicht existierte, weil
damals jede Gemeinde nur einige Stücke, mehrere oder wenigere
besass. Man teilte dem Katechumenen einen kurzen Abriss der
Hauptartikel (Symb. apost.) mit. Das Leben in der Kirche,
der Umgang mit den älteren Gläubigen, die Teilnahme am
Gottesdienste, die Vorträge, die er da hörte, dies Alles ge-
währte ihm, was er noch bedurfte, und vollendete seine christliche Erziehung. Es war ein Zeugnis, dem er glaubte, weil
dessen tatsächliche Wahrheit ihm einleuchtete. Wir hier, wurde
ihm gesagt, sind nur ein Bruchteil der ganzen grossen, bereits
in Asien, Afrika, Europa verbreiteten Kirche. Wie wir glauben
und lehren, so glauben und lehren alle Kirchen, welche unmittelbar oder mittelbar von den Aposteln oder ihren Jüngern
gestiftet sind. Wir schreiben einander, schicken einander Lie-
besgaben, wir werden von Gläubigen anderer Gemeinden be-
sucht, es ist überall eine und dieselbe Lehre, mag wie in Ephesus
ein Apostel selbst lehren, oder mag anderswo bereits der dritte
oder vierte Nachfolger auf dem Stuhle sitzen, den zuerst ein
Apostel eingenommen, das Zeugnis ist überall gleichen Inhalts,
gleicher Gewissheit. So glaubst du, indem du unseren Worten
glaubst, der Lehre der ganzen Kirche und damit dem heiligen
Geiste. Denn Christus hat seiner Kirche diesen Geist der Wahrheit verheissen und gegeben; sie kann daher nicht anders als
Wahrheit lehren. Wir aber, unsere Kirche hier, ist ein Glied
an dem von diesem Geiste beseelten Leibe; an dieser Zuge-
hörigkeit, dieser Gliedschaft besitzen wir die Bürgschaft für die
Reinheit und Aechtheit unserer Lehre, und die älteren Glieder
unserer Kirche, welche unsere Vorgänger, die früheren Lehrer
oder noch den Apostel selbst gehört, verbürgen wieder den
jüngeren, dass auch jetzt noch die gleiche Lehre vorgetragen
werde. Dies war die Tradition der Kirche. So hatte jede
Gemeinde ihre eigene Tradition, bezeugt und fortgetragen von
einer Generation zur andern, von Bischof zu Bischof, von Vater
zu Sohn. Jeder wusste, wem er glaube, auf wessen Zeugnis
er sein Heil setze. Nicht sich glaubte er, nicht seinem eigenen,

durch unabhängiges Studium gewisser Schriften geleiteten Geiste; nicht auf die Schlüsse, welche er gemäs seiner geistigen Begabung und Bildung aus den von ihm verglichenen Stellen dieser Schriften gezogen, baute er seinen Glauben, sondern auf das Zeugnis, das ihm in letzter Instanz die Kirche gab, jene Kirche, von welcher Christus gesagt, dass er sie auf einen Felsen gründe und unter den Schutz und die Leitung des Geistes der Wahrheit stelle.

Wie fast überall auf allen Gebieten frei-menschlicher Tätigkeit die Praxis der Theorie voranzugehen pflegt, so ging es auch mit der Theologie des Urchristentums. Ihr doktrineller Wert war ein sehr prekärer und wiederum doch so segenspendend und endlose Reihen geistiger Individualitäten mit sich fortreissend. Von einer bestimmten Glaubensanschauung bereits erfüllt, was sie dem Fleiss mündlicher Tradition verdankten, befassten sich nur einzelne unter den Christen mit der Lektüre apostolischer Schriften, insoweit solche ihnen zugänglich waren.

Was die Apostel schriftlich und mündlich der Kirche übergaben, war nicht eine Summe fertiger Artikel, eine Anzahl formell und materiell abgeschlossener Dogmen, sondern bestand zumeist aus Tatsachen, Prinzipien, dogmatischen Keimen und Andeutungen, welche die Anlage und Fähigkeit zu successiver Entwicklung und lehrhafter Ausbildung in sich trugen, in welchen potenziell eine Fülle dogmatischen Stoffes beschlossen lag. Die christliche Religionslehre von heute, die theologische Summe unserer Tage ist das Erzeugnis eines historischen Prozesses, der sein Ende erst mit dem Ende der Tage finden wird. Sie erscheint als das Werk einer gemeinsamen, durch Jahrhunderte hindurch fortgesetzten, immer auf dem Grunde der Vorfahren weiterbauenden Geistesarbeit der erleuchtetsten Christen, einer steten Vertiefung in die heiligen Schriften, wodurch allmälig auch die in diesen enthaltenen Andeutungen und Wahrheitskeime aufgeschlossen wurden. Der Drang zu dieser Tätigkeit lag einerseits in dem menschlichen Geiste selbst, zu dessen eigenster Natur es gehört, den Fond der Wahrheit in seiner Tiefe und Ausdehnung immer mehr und mehr sich anzueignen, andererseits entstand die Nötigung hierzu durch die häretischen

Bestrebungen, die nichts Geringeres als die allmälige Zersetzung
der gesammten christlichen Heilswahrheiten im Schilde führten.
Dass gegen eine solche destruktive Tätigkeit die Stimme der
kirchlichen Tradition sich immer und überall mit aller Energie
und ihr zu Gebote stehenden Auktorität vernehmen liess, dass
eine laute und offene Reaktion dagegen ihrerseits gar nicht
ausbleiben konnte, wird derjenige leicht begreifen, der da weiss,
dass die Kirche unter dem Schutze des heiligen Geistes steht
und jede ihrer Lebensfunktionen nur durch ihn erfolgen kann.

So erscheint denn die doktrinelle Ausgestaltung der christlichen Heilswahrheiten, ihre dogmatische Feststellung in letzter
Instanz als das Werk desselben Geistes, unter dessen Einfluss
die Lehrsubstanz oder das Rohmaterial zum nachherigen Aufbau
der Theologie und des Dogmatismus der katholischen Kirche
entstanden ist. Ueber den Verlauf des ganzen Prozesses wacht
das durch denselben Geist geläuterte Auge der Kirche, die so-
fort mit ihrer purifizierenden Tätigkeit da eingreift, wo dogmatische oder ethische Unebenheiten zum Vorschein kommen, die
gegen die allgemeine Tradition verstossen. Die Kontinuität des
traditionellen Stromes verhinderte auch jedes Verdrängen einer
Lehre durch eine andere ihr entgegengesetzte sowie den Ver-
lurst und das Entschwinden irgend einer dogmatischen Wahrheit aus dem Glaubensbewusstsein der Gesammtkirche oder
deren Degradation zu einer bloss in der Kirche geduldeten
Meinung. Das richtige Verständnis der in Schrift und Tradition dargebotenen Lehren wurde, wie an einer Kette, gleichfalls
von Glied zu Glied fortgeleitet. Mit dem apostolischen Lehr-
amt und unter dessen Kontrole hatte jedes Mitglied der Kirche,
der Laie ebenso gut wie der der hierarchischen Ordnung ein-
gegliederte Kleriker, allzeit ein wachsames Auge für eine richtige und unverfälschte Auslegung der heiligen Literatur, gleichwie auch beide nach Massgabe ihrer geistigen Begabung und
genossenen Ausbildung zu dem grossen Entwicklungsprozesse
christlicher Lehre und Anschauung in mehr positiver Weise
beitragen konnten.

Aufgabe der Theologie quoad substantiam ist nach der gemeinsamen Annahme der Alten Gott. Gott als erstes Material-

objekt der Theologie ist eine Forderung der geistigen Natur des Menschen, dem er ohne Verkennung seiner wahren Bedürfnisse sich in keiner Weise entziehen kann und darf. Während auf der einen Seite dem Menschen mit seiner organischen Existenz zugleich auch das Gottesbedürfnis gegeben ward, das Gottesbewusstsein seiner innersten Natur inhäriert, bringt die Offenbarung dieses Bedürfnis und Bewusstsein zur Enthüllung und Erfüllung. Hiermit ist eine Teilnahme des Menschen am Prozesse der Religion nicht ausgeschlossen, sondern seine Konkurrenz zur Verwirklichung wahrer Religion wurde stets als notwendig erachtet gegenüber den Prädestinatianern und, in späterer Zeit, gegenüber den Quietisten und Methodisten, welche einzig den Grund der Religion in Gott suchen und so zu den Pelagianern und Sozinianern, welche den Grund- und Aufriss der Religion im Menschen allein suchen, sich antipodisch verhalten.

Das Gottesbedürfnis des Menschen erhält, wie bereits kurz oben erwähnt, seine Befriedigung durch das Medium der Offenbarung. Unter Offenbarung verstanden die Alten nach den Indikationen der Heiligen Schrift Gottes Erscheinungen in der Natur, der Existenz und dem Gewissen des Menschen; sodann die spezielle Verkündigung der Wahrheiten, Werke und Beschlüsse Gottes, wie eine solche den Patriarchen und Propheten zu Teil geworden, sowie deren schriftliche Aufzeichnungen im Buche der Bücher; endlich die Erscheinung Christi und des Reiches Gottes in dieser Welt. Zu einer umfassenden, weitausgreifenden Entwicklung des Begriffes Offenbarung ist es bei den Alten nicht gekommen, da hierzu jeder nähere Anlass fehlte. Die Erörterung der Frage nach der Möglichkeit und Wirklichkeit einer positiven Offenbarung war einer späteren Zeit vorbehalten. Erst als Spinoza mit seiner Opposition gegen den Gehalt und die historische Wahrheit der Offenbarung hervortrat, wurde die Erörterung der Frage nach der Möglichkeit und Wirklichkeit einer positiven Offenbarung Gottes notwendig.

III.

Stand der urchristlichen Theologie in ihrer geschriebenen Form oder die theologische Literatur des Urchristentums.

Fast alle literarische Tätigkeit des ersten christlichen Jahrhunderts beschränkte sich nur auf die allereinfachsten Verhältnisse. Dieser Einfachheit des literarischen Verkehrs war denn auch die Schreibweise konform. Mit alleiniger Ausnahme des Pastor Hermae wählte man konstant die Briefform. Dieselbe entsprach so ganz und gar der Familiarität, die unter den ersten Christen bestand und sie als eine grosse Gottesfamilie erscheinen liess. Was die durch die engsten Bande der Liebe und Freundschaft geeinten Christen des ersten Jahrhunderts einander mitzuteilen hatten, waren starke, kräftige Empfindungen, Ermahnungen und kurze Belehrungen über Vorkommnisse des Lebens, liebevoll gehaltene Interpellationen und Zurechtweisungen, einfache Nachrichten über empfundene Leiden oder gefühlte Freuden, kurz, lauter Ergebnisse spontaner innerer Bewegung, der man nicht zu widerstehen vermochte, und vom Impulse wahrer und ächter Freundschaft dem Schreiber in die Feder diktiert.

Die Männer, welche im ersten Säkulum des kirchlichen Bestandes unter die theologischen Schriftsteller gingen, waren noch unmittelbare Apostelschüler und führen im Verzeichnis der Kirchenschriftsteller den Ehrennamen »Apostolische Väter«. Ihre Namen sind: Klemens von Rom, Barnabas, Hermas, Ignatius von Antiochien, Polykarp, Papias. Der geistreiche Verfasser des herrlichen Briefes an Diognet ist uns leider mit seinem Namen unbekannt geblieben.

Nach dem genialen Möhler[1]) enthalten die Schriften der genannten Väter bereits die Umrisse aller künftigen Gelehrtentätigkeit innerhalb der Kirche: der Brief an Diognet, die Grundform der Apologetik gegen Nichtchristen; die Briefe des Ignatius, die ersten Züge der Apologetik der Kirche gegen Häretiker; der Brief des Barnabas, einen Anflug zur spekulativen

---

[1]) Patrologie oder christliche Literärgeschichte. Regensb. 1840. I. B. S. 51.

Dogmatik; der Pastor, den ersten Versuch einer christlichen
Sittenlehre; der Brief des Klemens von Rom, die erste Entwickelung jener gearteten Tätigkeit, aus der später das Kirchen-
recht hervorgegangen ist; endlich die Leidensakte des Ignatius,
die frühesten historischen Essays.

Während die literarische Tätigkeit der apostolischen Väter
nach Inhalt und Umfang noch sehr bescheiden war und die
Schreibweise bis auf die oben erwähnte Ausnahme lediglich auf
die Briefform beschränkt blieb, wurde mit dem zweiten christlichen Jahrhundert der Apparat des schriftlichen Verkehrs unter
den Christen um Vieles bewegter und lebhafter. Die Zahl der
theologischen Schriften, die während des zweiten christlichen
Jahrhunderts ediert wurden und, wie bisher, bald in Briefform,
bald als Dialoge oder thematische Abhandlungen ohne bestimmte
Adressen, ja mitunter sogar im Gewande der Poësie erschienen,
ist für diese Zeit eine äusserst ansehnliche. Der Grund zu einer
so ergiebigen Geistestätigkeit lag in und ausser der Kirche.
Einerseits waren es die Heiden und Juden, welche durch ihre
fortgesetzten Angriffe gegen das Christentum zu solcher Tätigkeit provozierten, andererseits war dieselbe geboten, um gegen
die falsche Gnosis in Schranken zu treten, die unter den Christen
immer weiter um sich griff.

Da die Kirche, wie schon zur Zeit der Apostel, so auch
jetzt, noch immer die Zahl ihrer Bekenner meistens nur den
niederen Volksschichten entnahm, die jeglicher Wissenschaft
entbehrten, und christliche Gelehrtenschulen gleichfalls noch
nicht existierten, so hätte sie mit Aussicht auf Erfolg diesen
geistigen Kampf nicht wagen dürfen, wäre ihr Gott nicht früh-
zeitig genug mit tapferen Streitern zu Hilfe gekommen. Doch
»wo die Not am grössten, ist Gottes Hilfe am nächsten«; diese
Volkssentenz bewahrheitete sich auch in diesem Falle.

Männer, ausgestattet mit reichem Geiste, gründlicher Gelehrsamkeit und hinreissender Eloquenz, traten aus den feind-
lichen Reihen in das Heerlager der Christen über und kehrten
ihren wissenschaftlichen Apparat gegen Un- und Irrgläubige zur
Verfechtung der kirchlichen Interessen. Männer, wie Justin der
Philosoph und Märtyrer, Tatian, Athenagoras, Theophilus, Pan-

tänus, stehen zuvorderst in den Reihen dieser unerschrockenen
Kämpen. Ihre Kampfeslust wird für Andere zum Vorbild und
die Begeisterung, wovon sie getragen ist, ladet unwillkürlich
zur Nachahmung ein. Die Reflexion greift immer weiter um
sich, so dass selbst Materien, deren Erörterung durch die Zeit-
lage keineswegs geboten scheint, gleichwohl behandelt und gewürdigt werden, wie nach der Angabe bei Eusebius[1]) aus der
umfassenden Arbeit eines Melito von Sardes ersichtlich war.
Es entstehen Kommentare zu der Heiligen Schrift, deren Abfassung durch das Beispiel der Gnostiker angeregt wird. Der
erste christliche Exeget auf orthodoxer Seite ist Pantänus
(180—200), nach Athenagoras Vorsteher der alexandrinischen
Katechetenschule.[2]) Er bediente sich bei seinen exegetischen
Arbeiten fast ausschliesslich der allegorisch-mystischen Interpretationsmethode, die namentlich bei den alexandrinischen Juden sehr beliebt war, weil sie gegen die Entwertung des Alten
Testamentes vorging. Auch die ersten Anfänge der historischen
Wissenschaft zeigen sich während dieses Jahrhunderts in der
leider nicht auf uns gekommenen Arbeit eines Hegesippus, der
die kirchlichen Denkwürdigkeiten von Christus bis zum Papste
Eleutherius in fünf Büchern niederschrieb.[3])

Die theologische Literatur des zweiten christlichen Jahrhunderts ist von äusserst gediegenem Charakter und bietet uns
in jeder Beziehung ein erfreuliches Bild von der Entwicklung
der religiösen Wissenschaft dar. Dieses anerkennende Urteil
verdient sie um so mehr, als die zu literarischen Unternehm-
ungen dienende Zeit gerade damals mehr als je eine sehr ge-
messene und ausserdem durch innere und äussere Einflüsse
höchst beunruhigte und gestörte war.

Das im ersten christlichen Jahrhundert begonnene, im darauffolgenden erweiterte Bild der theologischen Literatur wird im
dritten Säkulum noch immer mehr ergänzt und abgerundet.
Der Inhalt ist ausschliesslich polemisch, gegen die immer weiter
und hitziger um sich greifenden Infestationen des Heidentums
sowie gegen die theoretischen und praktischen Verirrungen der
Christen auf dem Lehrgebiete der Kirche gerichtet.

---

[1]) Hist. eccl. IV, 26.   [2]) Eus. l. c. V, 10.   [3]) Eus. l. c. IV, 8. 22.

Die feindseligen Mächte gegen das Christentum waren für dieses Jahrhundert die alten geblieben, dagegen zeigte sich die Hartnäckigkeit, womit der Kampf auf heidnischer Seite geführt wurde, um so grösser, als die von den Heiden seither fast allgemein genährte Hoffnung auf Beseitigung der Differenzen zwischen Heidentum und Christentum durch Anbahnung von Synkretismus bis auf ein Minimum geschwunden war. Christen gab es mit jedem Tage mehr, Heiden dagegen weniger, eine Erscheinung, gegen welche der heidnische Staat im Interesse seiner Fortdauer sich nicht gleichgiltig verhalten konnte. Die Folge war, dass man heidnischerseits wiederum zu den Waffen griff, um mit Gewalt durchzusetzen, was man durch friedlichen Pakt nicht erreichen konnte. Doch selbst diese Massregeln waren noch zu unvermögend, die Christen in ihrem Glauben irre oder in der Standhaftigkeit ihres Bekenntnisses wankend zu machen. Den Christen wurde mit jedem Tage klarer, dass die von den Heiden gegen sie in's Werk gesetzten Verfolgungen nicht von seichten Vorurteilen und Verläumdungen eingegeben werden, sondern der unter den Heiden immer lichtvoller hervortretenden Erkenntnis der zwischen Christentum und Heidentum bestehenden Gegensätze zuzuschreiben seien.

Der auf beiden Seiten geführte Kampf wurde jetzt aus einem persönlichen zu einem sachlichen Streit, der sich vorzugsweise um die Austragung prinzipieller Fragen drehte. Handelte es sich bisher vielfach auf Seite des Christentums nur um die persönliche Verteidigung seiner Anhänger und auf Seite des Heidentums nur um persönliche Infestationen gegen die Christen, so galten jetzt beiderlei Tätigkeiten der Sache.

Die Heiden stellten zur Verteidigung ihrer religiösen Interessen gegen die Christen die besten ihnen noch verfügbaren Kräfte auf die Arena. Es war ihrerseits auf einen geistigen Massenangriff abgesehen. Doch das definitive Ergebnis ihrer feindseligen Bestrebungen war ihre schmachvolle Niederlage durch die kampfgeübteren Gegner, die Christen. Diesen mit den Waffen des Geistes errungenen Sieg der Christen repräsentieren vor allem die Schriften eines Klemens von Alexandrien,[1] Tertullian,[2] Cy-

---

[1] Cohort. ad gent. 　[2] De idolol. — Ad gent.

prian,[1]) Minutius Felix.[2]) Der wertvollste Diamant unter den literarischen Erzeugnissen aus dieser Epoche ist wohl jenes für die damalige Zeit wunderbar grosse Werk, welches Origines zum Verfasser hat und gegen einen gewissen Celsus sich wendet. Diese Arbeit des Origines hat den Charakter eines Sammelwerkes, indem sie alle von den damaligen Heiden und Juden in religiöser wie staatsrechtlicher Beziehung gegen das Christentum erhobenen Einwürfe vorträgt und würdigt, und macht, nebenbei gesagt, der literarischen Selbstständigkeit des Verfassers alle Ehre. Die dem Christentum geltenden Angriffe der jüdischen Literatur wurden von den schreibenden Christen dieser Epoche fast ganz und gar ignoriert. Nur Hippolyt und Tertullian beschäftigen sich noch stellenweise mit den Juden, im Allgemeinen galten sie aber als eine feige und ohnmächtige Masse, von der man am besten schweigt.

Der der Auflösung nahe Gnostizismus machte der Kirche in dieser Periode wenig zu schaffen. Er kehrt in der Lehre wiederum zu seinen Anfängen zurück.

Dagegen zeigen sich die ersten Keime des Arianismus in der Sekte der Unitarier, welche eine Identifizierung der christlichen Trinitätslehre mit dem jüdischen Deismus anstreben. Den Kampf gegen diese häretische Richtung eröffnen Origines und Hippolyt und finden an Tertullian, dem römischen und alexandrinischen Dionysius, tapfere Kampfgenossen.

Die gegen Ende des zweiten christlichen Jahrhunderts mehr von dunklen Gefühlen, als klaren Begriffen, eingenommene Sekte der Montanisten hatte durch Proklus und Tertullian zwei neue Anhänger erhalten. Diese Akquisition ermutigte sie mehr, denn früher, Lebenszeichen von sich zu geben, was mehrere Streitschriften gegen sie hervorrief. Indessen wurden die Montanisten, so oft sie für die Kirche gefährlich werden wollten, mehr durch das persönliche Eingreifen der Bischöfe zurechtgewiesen, als durch Tinte und Feder kontrolliert, und ihren gefahrbringenden Angriffen Einhalt getan.

Den Anlass zur Entstehung einer neuen, bisher noch ungekannten theologischen Literatur bot das Schisma der Novatianer,

---

[1]) De vanit. idolorum. [2]) Octavianus.

welche die innere Organisation der Kirche und ihre Disziplin ge-
fährdeten. Fragen über die Busse, Gewalt und Verfassung der
Kirche, sowie über die im Episkopat ruhende Einheit kommen
zur Diskussion. Man geht daran, massgebende Grundsätze für
eine korrekte Würdigung dieser Materien aufzustellen. Herrliche Schriften, die sich mit der Erörterung vorwürfiger Fragen
befassen, entstehen unter der Hand gelehrter Heidenchristen,
darunter die von warmer Liebe zur Kirche getragene Abhandlung Cyprians »de unitate ecclesiae.«

Wenn es gleichwohl bislang in und ausser der Kirche an
Anlässen zur Gründung einer theologischen Literatur des Christentums nicht fehlte, so gebrach es doch noch immer an den
für die gedeihliche Entwicklung der christlichen Wissenschaften
nötigen Vorbedingungen. Das Kontingent derer, die in Schrift
die christliche Lehre verteidigten, stellten, wie früher, so auch
jetzt noch immer die Heiden. Von christlichen Lehrern ge-
leitete Bildungs- und Erziehungsanstalten für die heranwachsende
Jugend existierten auch jetzt noch nicht. Ebenso machte sich
auch der Mangel eigentlicher, auf christlichem Boden entstandener Gelehrtenschulen sehr fühlbar. Die Jünglinge christlicher
Eltern in die Staatsschulen zu schicken, schien durchaus nicht
ratsam, da der klassische Unterricht im engsten Anschlusse an
die heidnische Religionslehre erteilt wurde. Ausserdem waren
die Lehrer der Elementar- wie der höheren Staatsschulen die
stereotypen Feinde des Christentums, denen Betätigung von
Toleranz gegen die andersgläubigen Christen eine terra inco-
gnita war, während der materielle Wert ihres Unterrichtes, namentlich in philosophischen Fächern, oft ein sehr prekärer war.

Dass diese in den damaligen Schulverhältnissen liegende
Erscheinung auf den idealen Fortgang der christlichen Literatur
und Wissenschaft sehr hemmend einwirken musste, und als weitere
Folge hiervon manche herrliche Geistesblüte in ewiger Grabes-
nacht verschlossen blieb, ist demjenigen klar, der die segens-
reichen Früchte humanistischer Schulen schon genossen.

So übel es damals bei den Christen mit den Schulen auch
bestellt war, so wäre es doch eine arge Täuschung, wollte man
glauben, der Kirche hätte zu damaliger Zeit alle und jede Schule

gefehlt. Jede bedeutende Kirche besass gerade damals ihre
eigene Schule, die von Zeit zu Zeit die Wirkung einer verbessern-
den Hand spürte. Ja gar manche dieser kirchlichen Schulen wurde
noch im Laufe des dritten Jahrhunderts mit einer Abteilung für
den Gelehrtenunterricht eingerichtet. Als die glänzendste Erscheinung in Sachen des christlichen Schulwesens damaliger Zeit
galt die Katechetenschule zu Alexandrien. Der Herd aller heidnischen Gelehrsamkeit fand sich in dieser Stadt. Zum Besuche
des von Ptolomäus Lagi gegründeten und von seinem Nachfolger Tiberius erweiterten Museums hatte sich hier eine Menge
heidnischer Jünglinge eingefunden. Viele derselben wohnten,
assen und lebten zusammen wie in einem Konvikte — συσσί-
τιον —, eine Erscheinung, welche die Kirche später auf die
Gründung von Seminarien führte. Mit der zu Alexandrien von
der Kirche etablierten Katechetenschule waren zugleich Abteil-
ungen für theologischen und philosophischen Gelehrtenunterricht
verbunden. Unter den theologischen Disziplinen blühte vor
allem die Auslegung der Skriptur, während von den Fächern
der Philosophie namentlich Logik, Geometrie, Grammatik und
Rhetorik kultiviert wurden. Mit den besten Kräften waren die
Lehrstühle dieser Schule besetzt. Männer wie Athenagoras,
Pantänus, Klemens, Origines u. dgl. finden wir dort als Lehrer
der Theologie und Philosophie angestellt. Von den Gelehrten,
die aus dieser Schule hervorgingen, wählten sich Kirche und
Volk ihre Bischöfe.

Ausser dieser kirchlichen Hochschule zu Alexandrien be-
standen noch Bildungsanstalten mit ähnlichen Einrichtungen zu
Cäsarea in Palästina und zu Rom, wovon diese den heiligen
Justin, jene Origines zu ihrem Stifter hat. Viele Vorteile auf
dem Gebiete des Geistes und der Wissenschaft haben auch sie
der Kirche gebracht, der Leuchter auf dem Scheffel blieb indessen Alexandrien.

Mit Gründung der Gelehrtenschulen zu Alexandrien, Cäsarea
und Rom steht in engstem Zusammenhang die Ausbildung der
katholischen Gnosis. Während die Häretiker der Wissenschaft
(γνῶσις) die Priorität vor dem Glauben einräumen, sie ungleich
höher, als diesen, taxieren, so herrscht bei den christlichen Lehrern

gerade die entgegengesetzte Ansicht über das Verhältnis zwischen Glauben und Wissen, indem sie dem Glauben die Superiorität über die Gnosis vindizieren. Für die orthodoxen Christen ent- wickelt sich die Gnosis aus dem Glauben durch Reflexion über den Glauben, umgekehrt verdankt der Glaube der Häretiker sein Entstehen der γνῶσις, welche dem Glauben voraneilt.

Die Lehren des Christentums waren bisher nur historisch überliefert worden. Zugleich waren dieselben durch von, in, und ausser der Kirche gegebene Anlässe mit dem Leben der Christen so innig verwachsen, dass sie ohne Befürchtung für ihren Verlust es wagen durften, dieselben ihrer Unmittelbarkeit zu entreissen und zum Gegenstand gelehrter Unterweisungen zu machen. An die wissenschaftliche Begründung der christlichen Doktrinen machten sich vor allem Männer, die entweder Lehrer oder Schüler der genannten Schulen waren. Dem formalen Aufbau der katholischen Theologie diente mit Vorliebe die platonische Philosophie wegen der oft geradezu überraschenden Affinität ihres Ideenkreises mit dem Lehrinhalte des Christen- tums. Klemens von Alexandrien bietet in seinem Pädagogen uns das erste wissenschaftliche System einer christlichen Sitten- lehre, und Origines, jedoch mit weniger Glück, das System einer christlichen Glaubenslehre. Die Pflege der exegetischen Studien erhebt und verallgemeinert sich immer mehr. Die uns noch erhaltenen Produkte sind herrliche, warm empfundene Geistes- früchte und haben den schon mehrmals erwähnten Origines, Gregorius Thaumaturgus, Julius Afrikanus, Methodius und An- dere zu Verfassern. Die allegorische Interpretationsmethode wechselt ab mit der grammatisch-historischen.

Auch aszetische und disziplinäre Materien finden Bearbeit- ungen. Tertullian schreibt über die Schauspiele, Busse, Jung- fräulichkeit; Cyprian über die Lapsi und die Jungfräulichkeit; ein Dritter de patientia u. s. w.

Für die Geschichte der theologischen Literatur dieses Jahr- hunderts ist das Auftreten der ersten lateinischen Kirchenschrift- steller, des Tertullian, Cyprian, Minutius Felix, Arnobius, Laktan- tius und Anderer noch erwähnenswert und nicht ohne Bedeutung.

ZWEITER ABSCHNITT.

Die religiöse Kunst des Urchristentums.

IV.

Verhältnis und Zusammenhang zwischen frühchristlicher und heidnischer Kunst.

Die Anfänge der frühchristlichen Kunst dürfen nicht ohne allen Zusammenhang mit der heidnischen Kunst gedacht werden. Die heidnische Kunst stand fast bis zu ihrem gänzlichen Verfalle, der noch unter Kaiser Hadrian (161—180) eingeleitet wurde, mit nur geringer Ausnahme und dazu vielfach in ganz ungemilderter Form im Dienste der christlichen Kunst. Die Verunstaltung des christlichen Ideeenkreises durch die heidnische Kunst trat namentlich in den Erzeugnissen der Skulptur zu Tage. Spuren hiervon finden sich jetzt noch in den römischen Katakomben. Man kann daselbst Sarkophage sehen, deren Seitenflächen mit Skulpturen spezifisch heidnischer Art ausgelegt sind. Götterszenen und Darstellungen aus der hiermit in Verbindung stehenden Sagen- und Fabelgeschichte wechseln ab mit antiken Personifikationen von Himmel und Erde, Sonne und Mond, Meeren und Flüssen. Ein so tief ausgeprägter und zur Schau getragener Paganismus, wie hier, äussert sich in den frühchristlichen Malereien allerdings nicht. Diese Erscheinung verlangt deshalb eine nähere Erklärung. Die Steinsärge wurden, so wird allgemein versichert, auf Lager oder Vorrat gefertigt, nur so feilgeboten und verkauft. Auf den Wunsch der christlichen Käufer wurden dann die Särge auch noch mit der neuen Religion entsprechenden Emblemen und Symbolen ausgeschmückt, in vielen Fällen unterblieb jedoch auch dieses, und der fromme Wunsch musste dann das Fehlende ersetzen.

Den Pauperismus der altchristlichen Plastik und das Antike an den urchristlichen Sarkophagen sucht Kraus [1]) durch die verschiedenen Verhältnisse zu erklären, unter welchen Maler und Bildhauer während der Zeit der Verfolgung ihrem Berufe nachkommen konnten. Ersterer vermochte tief unter der Erde seine Arbeit ohne Furcht vor Gefahr ruhig fortzusetzen. Dagegen war der Bildhauer durchaus nicht in der Lage, in seiner Werkstätte christliche Gegenstände in den Stein zu meisseln, ohne die Aufmerksamkeit des Publikums auf sich zu lenken. Wenn daher auf vorkonstantinischen Särgen Christliches dargestellt ist, so finden wir es stets unter dem Schleier von Formen, die den Heiden wohl bekannt waren.

Es wäre ebenso falsch als ungerecht, wollte man aus diesen, mit heidnischen Skulpturen geschmückten, in den Besitz der Christen übergegangenen Sarkophagen auf eine den Letzteren noch verbliebene heidnische Gesinnung schliessen. Es wäre ein grober Verstoss gegen den historischen Realismus, wollte man den christlichen Käufern solcher Steinsärge religiösen Synkretismus insinuieren und ihnen eine absichtliche Vermengung heidnischer mit christlicher Anschauung zum Vorwurfe machen. Abgesehen von ihrer durch Uebernahme verschiedener Entbehrungen, ja selbst des Martyriums, gegen alles Heidnische bewiesenen Apathie, spricht gegen ein solches Verdikt die gleichfalls in den Katakomben gemachte Beobachtung, dass die Seitenflächen solcher mit heidnischen Skulpturen ausgeschmückten Sarkophage regelmässig gegen die Wand, beziehungsweise gegen die Höhlung des Sarges gekehrt waren. [2]) In Fällen, wo man derlei Skulpturen durch materielle Veränderungen, wie durch Auflage von Kalkschichten oder auch durch Vornahme von Rasuren unsichtbar zu machen suchte, fiel natürlich eine solche Vorsorge weg.

Weniger tritt dieser antike Einfluss, wie bereits oben bemerkt, in den christlichen Malereien hervor. Mir ist nur ein

---

[1]) Roma Sotterranea 2. Aufl. Freiburg 1879. S. 350.
[2]) Ein Beispiel hiervon mit Abbildung siehe bei Kraus a. a. O. S. 351. Vergl. hiermit auch S. S. 232 u. 233.

Gemälde bekannt, welches die frühchristliche Kunst ohne alle Formveränderung aus dem Heidentum herübernahm. Dieses Bild ist der mythische Orpheus, worin die Christen ein den Stifter ihrer Kirche symbolisierendes Werk erblickten. Wenn dann ferner von frühchristlichen Malern heidnisch-idyllische Szenen, Blumen- und Fruchtgewinde, Guirlanden mit Vögeln und .beflügelten Genien in den Zweigen zu Umrahmungen grösserer Gemälde benützt wurden, so waren das ganz indifferente Handlungen, gleichfalls ohne allen Einfluss auf ihre religiöse Gesinnung. Solche Darstellungen sind an sich weder heidnisch noch christlich, und der ultramontanste Meister kann und wird davon Gebrauch machen.

Die Kunst der ersten Christen war in der Applikation technischer Prinzipien die Kunst ihrer heidnischen Zeitgenossen. Von den heidnischen Kunstformen dagegen behält der christlich gewordene Künstler nur diejenigen bei, welche wirklich einer besseren, durch das Christentum bestimmten Richtung dienstbar gemacht werden können. Viele Kunstformen sind aber schon von vornherein für ihn in keiner Weise mehr verwendbar. Sie sind einzig und allein nur dem Ideeenkreise entsprechend, dem sie bisher dienten. Die religiöse Gedankensphäre, in der sich der christliche Künstler bewegt, hebt sich gegen seinen früher auf theologischem Gebiete behaupteten Standpunkte ab, wie der Tag von der Nacht.

Zur Darstellung dieser neuen Geisteswelt müssen ihr ho-mogene Formen erfunden werden. Die heidnischen Gottheiten teilten nach Ansicht ihrer Verehrer alle anthropopathischen Eigenschaften der Menschen, waren also, wie der Mensch, dem Zorne, der Ungeduld etc. ergeben. Sie wurden von der Kunst auch mit diesen Zuständlichkeiten entsprechenden Motiven dar-gestellt. Die Kunstformen, in denen dieses geschah, sind des-halb für den christlichen Künstler zur Typifizierung seines Gottes ohne Verletzung des christlichen Glaubensbewusstseins nicht brauchbar. Ganz neue Formen verlangt auch die plastische Schilderung der christlichen Tugenden, .deren Ausübung nach Ansicht der Heiden als ein Verstoss gegen die öffentliche Wohl-anständigkeit galt und deshalb aus dem Kreise rechtschaffenen

Handelns und Wandelns ausgeschlossen war. Die neue Religionslehre verlangte fast für ihr gesammtes Material von der darstellenden Kunst ganz neue Formen. Dass die Erfüllung eines solchen Verlangens mit vielen und grossen Schwierigkeiten verbunden war, und nur das Werk einer dezennienreichen Zukunft sein konnte, lässt sich leicht begreifen und motiviert hinreichend den Mangel monumentaler Reichhaltigkeit und Abwechslung in den Katakomben. Der spärliche Formenschatz der frühchristlichen Kunst wurde indessen in den meisten Fällen durch die Güte der Arbeit ersetzt. Dieses gilt namentlich von jenen Erzeugnissen der Kunst, die noch vor der zweiten Hälfte des zweiten Jahrhunderts entstanden sind. Nach dieser Zeit aber macht sich mit dem lawinenartigen Verfall der heidnischen Kunst auch ein Niedergang der christlichen Kunstblüte bemerkbar.

Während in den ersten Produkten der frühchristlichen Kunst noch eine gewisse Kunstblüte zum Ausdrucke gelangt, die darin verwertete Technik und Geschmacksrichtung auch den durch schärfere Gläser sehenden Kritiker noch zufrieden stellen dürften, finden sich in den späteren Erzeugnissen immer weniger diese gerühmten Vorzüge. Auch fliessen die christlichen Kunstschöpfungen seit der Mitte des zweiten Jahrhunderts von Jahr zu Jahr spärlicher, bis jegliche Kunsttätigkeit einem allgemeinen Marasmus zum Opfer fällt. Von den verschiedenen Malereien[1]) der Katakomben Roms und auch Neapels ist der kleinere und bessere Teil mutmasslich auch der älteste. Die heidnische Kunst, je tiefer sie selbst in Verfall gerät, kann der christlichen immer geringere Hilfe leisten, und Selbstständigkeit hat die christliche aus eigenen Mitteln noch nicht erreicht. In der Hauptsache folgen die ältesten Reste altchristlicher Kunsttätigkeit gern dem Stil der römischen Malerei, wie er im ersten Jahrhundert für Zimmer- und Hallenschmuck verwendet wurde. Der Sinn für zwanglose Schönheit erfindet nichts Neues, doch ist er noch nicht erstorben. Stellung, Bewegung, Ausdruck haben noch

---

1) Becker, Charakterbilder aus der Kunstgeschichte. Leipzig 1869. II. Abth. S. S. 7 u. 8.

Freiheit. Im Körperbau herrscht der Jugendreiz vor; Greise und
ältere Frauen gehören fast zu den Seltenheiten. Gewandmo-
tive und Faltenwurf stehen früheren Vorbildern nahe. Nur
das feinere Verständnis ist eingebüsst, die plastisch deutliche
Durchbildung in flüchtiges Andeuten aufgegangen.

Wie nah und fern auch das Ganze in dieser Art an heidnische Kunstschönheit streifen mag, von innen belebt die Gestalten ein neuer Grundzug. Was ihr Anblick erwecken soll,
ist nur in Ausnahmsfällen der tiefere Schmerz und die Leiden
des Herrn. Den Kern bildet immer von Neuem der gute Hirt.
Ein weiterer Gedanke greift sodann Platz. Der Tod ist besiegt
und die Sünden bezwungen. Diese Gnadenfülle verkündend,
beseelt die besseren Gemälde ein milder Hauch der Freundlich-
keit dessen, an den sie mahnen.

V.
Hermeneutische Grundsätze bei Interpretation frühchrist-
licher Bildwerke.

Dass ohne Kenntnis oder Befolgung der von der Kirche zur
Auslegung der Skriptur approbierten Grundsätze die exegetische
Wissenschaft in der Regel auf schiefe Bahnen gerät, weiss jeder
Theologe. Aehnlich verhält es sich mit der Erklärung anderer in
grauer Vorzeit entstandener Schriftstücke, deren wahrer Inhalt
häufig nur an der Hand hermeneutischer Grundsätze, welche
die wissenschaftliche Approbation erhalten haben, eruiert werden kann. Dass der objektive Charakter jeder exegetischen
Wissenschaft und hiermit ihr Ansehen in dem Grade zunimmt,
als sich die betreffenden Interpreten bei ihrer Funktion von
allgemein giltigen Normen leiten lassen, bedarf wohl keines
Beweises.

Gemalte oder geschnitzte Bildwerke sind allerdings etwas
verschieden von Schriften, deren Inhalt sich durch Worte, deren
Silben sich durch alphabetische Zeichen zusammensetzen, aber
immerhin enthalten auch sie, wie die Schrift, oft eine Fülle ver-
schiedenartiger Ideeen in ihren künstlerisch dargestellten Linien,
nur das Lesen in ihnen bietet mitunter viele Schwierigkeiten

dar, namentlich hat man auf dem Gebiete der Bildersymbolik
am meisten damit zu kämpfen. Hier sind für den Interpreten
vor allem orientierende Regeln notwendig, wenn nicht falsche,
den authentischen Ideeen des Bildwerkes schnurstracks entge-
genstehende Auslegungen stattfinden sollen.

Die Erklärung symbolischer Gemälde, sagt Kraus, [1]) ist
eine schwierige und delikate Arbeit: sie fordert Gelehrsamkeit,
Vorsicht und Redlichkeit. Es ist hierin so viel gesündigt worden, die Symbolik ist so oft der Tummelplatz ausschweifendster
Phantasie gewesen, dass Manche Alles, was nur in Bezug zu
ihr steht, mit höchstem Misstrauen betrachten. Hat man sie
doch geradezu als ein System geschildert, in welchem irgend
Etwas oder auch Nichts alles »Mögliche bedeuten könne«.

Um die hier ausgesprochene Möglichkeit des Verfallens in
falsche Exegese mit einem Beispiel aus neuester Zeit zu belegen,
nennen wir Dr. Viktor Schultze. In seinen »Archäologischen Studien über altchristliche Monumente« [2]) verlässt Schultze den Boden
der allgemeinen Tradition und schlägt den Weg einer auf sub-
jektivster Willkür beruhenden Exegese ein. Prinzipien, welche
die Präskription wie die Allgemeinheit für sich haben, sollen
auf einmal ungenügende und falsche Präjudizien sein.

Schultze leugnet jeden dogmatisch-lehrhaften und paräne-
tisch-praktischen Zweck der Katakombenbilder und macht sich
so zum Widerpart einer ebenso zahlreichen als angesehenen
Majorität. Durch diesen Neologismus hat Schultze den Kampf mit
den Heroen auf dem Gebiete der Roma Sotterranea, mit Bosio,
de Rossi, Kraus und Anderen aufgenommen. Kraus hat auf
Schultze's Ansichten bereits repliziert, und deren wissenschaftliche
Unhaltbarkeit mit feiner Ironie nachgewiesen. [3])

Nicht die leidenschaftliche, von Jugend auf kultivierte Neig-
ung zur Kunst als solcher, auch nicht finanzielle Rücksichten
waren in den meisten Fällen die Triebfeder künstlerischen
Schaffens für die Christen der Urkirche, ihr lebendiger, tief
empfundener Glaube allein gab ihnen fast immer den Pinsel
sowie den Meissel in die Hand. Bei Ausführung von Malereien

---

[1]) A. a. O. S. 234. [2]) Wien, Braumüller. 1880. [3]) Literarische Rund-
schau für das kath. Deutschland. 1881.

oder Skulpturen gingen sie nicht blind zu Werke, sondern hielten
sich an ein gewisses System, dessen Entwurf entweder von der
jungen Kirche selbst oder ihrer persönlichen Repräsentanz ausging.[1]) Der Zweck der künstlerischen Tätigkeit im Urchristentum war ein durchaus praktischer, zunächst für das christliche
Volk berechnet. Die mit Ausübung christlicher Kunsttätigkeit
sich befassenden Künstler trugen sich mit dem Gedanken, einen
populären, aus grossen Lettern zusammengesetzten Bilderka-
techismus zu verfassen, der an Umfang der Gedanken sowohl
dem religiösen Ideenkreis ihrer Zeit als auch der Gedächtnis-
stärke der christlichen Menge entsprechend und in seinen bildlichen Darstellungen für Alle auf gleiche Weise verständlich
wäre.[2]) Zugleich sollte dieser katechetische Bilderzyklus an einem
den Christen bekannten und von ihnen fast täglich frequentierten
Orte affichiert werden, damit alle mit leichter Mühe und nach
individuellem Bedürfnisse davon jederzeit Einsicht nehmen könnten. Dieser gemalte Laienkatechismus sollte, ähnlich dem geschriebenen Gottesworte, im buchstäblichen Sinne dem Leben
der Christen als unentwegbare Richtschnur dienen. Dass den
Kunstjüngern des Urchristentums die Realisierung dieser Idee in
der trefflichsten Weise gelungen ist, dokumentiert der christliche
Gemäldezyklus in den Katakomben Roms und anderswo wohl
zur Genüge.

»Der christliche Meister«, sagt Dr. Kuhn,[3]) »betrieb die Kunst
nicht um ihrer selbst willen. Er malte, er meisselte nicht blos
aus Liebe zu ihr und vom Kunstgefühl geleitet und getrieben,
er arbeitete, geführt und begeistert vom christlichen Glaubens-
gefühl, und wendete sich mit seiner Kunst vorzüglich an den
Verstand des Betrachtenden. Was er glaubte, das stellte er
in Bildern und Sinnbildern und Zeichen dar. Um künstlerische
Vollendung und Ausarbeitung ist es ihm gar oft nicht zu tun,
ihm genügt, wenn der Schauende ihn versteht, wenn sein Glaube
geweckt, belehrt, erwärmt wird. Aus der Anwendung gewisser

---

[1]) Vgl. Kraus a. a. O. S. 277.
[2]) Vgl. Kraus a. a. O. S. 272.
[3]) Roma. Die Denkmale des christlichen und heidnischen Rom. Einsie-
deln 1878. S. 69.

Sinnbilder, die sich stetig wiederholen, aus der Gegenüberstellung der Bilder, besonders in den Sakramentskapellen der Kallistus-katakomben, müssen wir ferner den Schluss ziehen, dass der christliche Maler nach Anweisung und Anleitung arbeitete. Diese konnte ihm aber nur gegeben werden von den Vorstehern der Katakomben, von den Priestern, von den Lehrern des neuen Gottesvolkes«.

»Die Malereien der Katakomben sind vorzüglich für das gläubige Volk bestimmt; es ist eine Bilderschrift, welche vom Greise wie vom Kinde gelesen und verstanden werden kann, eine eindringliche Predigt, welche die christlichen Geheimnisse erklärt, die ewigen Wahrheiten verkündet, die Wohltaten Gottes preist. In den Versammlungsräumen von St. Agnes sind die für das gläubige Volk bestimmten Gemächer mit Bildern ge-schmückt und übermalt, der Chor dagegen, wo der Bischof und die Priester die heiligen Geheimnisse feiern, ist ohne Bilder-schmuck, weil zur Verstehung der göttlichen Geheimnisse für sie diese Bilderschrift nicht notwendig war«.

Die von Dr. Kuhn gemachte und hier gegen das Ende registrierte Beobachtung begrüssen wir um so freudiger, als wir darin ein Argument mehr erblicken, welches die Lebensader des Schultze'schen Interpretationssystems unterbindet. Auch Dr. Kuhn denkt in teleologischer Beziehung über die frühchrist-liche Kunsttätigkeit wie Kraus, und wie man schon vor fast einer dreihundertjährigen Vergangenheit darüber allgemein von kompetenter Seite auch gedacht hat.

Bei Eruierung der Gedankensphäre aus den Produkten der frühchristlichen Kunst hat man an folgenden Gesichtspunkten festzuhalten:

1. Fast alle von der frühchristlichen Kunst dargestellten, durchweg dem Gebiete der Theologie entnommenen Ideeen hüllen sich in das Gewand der Symbolik.

Unter Symbol oder Sinnbild im engeren Sinne des Wortes begreift man ein mit den äusseren Sinnen wahrnehmbares Zei-chen, welches die darstellende Kunst benützt, um eine dem na-türlichen Inhalt des gebrauchten Zeichens verwandte oder fremde Idee bildlich wiederzugeben, so dass in letzterem Falle der dem

Zeichen substituierte Inhalt hinter jenem sich gleichsam verbirgt
und daraus nur in indirekter Weise erschliessbar ist. Symbole
im weiteren Sinne des Wortes heissen sodann all jene, meistens
in grösserem Stile gehaltenen Kunstprodukte, mit denen man
neben der buchstäblichen noch eine andere Auslegung intendiert.
Beide Arten symbolischer Darstellung finden sich bei den christlichen Künstlern verwertet. Der auf sie gerichtete Inhalt ist
bald eine abstrakte, bald eine konkrete Idee. Ferner stehen
im Dienste der symbolischen Kunst nicht blos gedachte, sondern auch wirklich historische Vorgänge. Keine Person, kein
historisches Faktum soll sich selber bieten, in einer naturge-
treuen Kopie vor das Auge des Beschauers treten, sondern stets
nur durch das entsprechende Mittelbild geschaut werden. Dieses
ist das grosse Prinzip, von dem man sich bei malerischen wie
plastischen Entwürfen leiten liess, und das sich, wie ein roter
Faden, durch sämmtliche Kunstprodukte des Urchristentums hin-
durchzieht. Vereinzelt werden als solche Mittelbilder antike
Mythen in Anspruch genommen. Ich erinnere nur an die Or-
pheussage, deren bildliche Fixierung uns mehr, als einmal, in
den Katakomben begegnet. Mehr Ausbeute, als die heidnischen
Mythologieen, lieferte zu dem angegebenen Zwecke das jüdische
Grundbuch. Besonders waren es seine Erzählungen historischer
Begebenheiten, die man zur bildlichen Wiedergabe heranzog. Sie
waren ganz entschieden auch passendere Mittelbilder und wür-
digere Gefässe zur Aufnahme christlicher Geheimnisse, als der
antike Sagenkreis. Der Alte und Neue Bund stehen in demselben Verhältnis wie Verkündigung und Erfüllung. Die ihren
einzigen Sohn Isaak in den Tod schickende Liebe Abrahams
zu Jehova wird überboten von der Liebe Gottes zu den Menschen, die für die sünd- und schuldbeladene Welt gleichfalls
den einzig geborenen Sohn opfert. Und lag auf dem Heiland
nicht schwerere Schmach, als einstens auf Hiob, und ist er nicht
dennoch auferstanden, unversehrt, wie Jonas und Daniel, und
emporgefahren, gleichwie Elias?
    Der grosse Kreis verwandter Züge erlaubt es zugleich, die
verschiedenen biblischen Begebnisse zur Verbildlichung verschiedener Seiten an Christi Wesen und Wandel zu gebrauchen.

Und reicht hierfür das jüdische Grundbuch nicht aus, so bieten die bildlichen Worte, in denen der göttliche Heiland sein Wirken ausspricht, noch einen näheren, festeren Anhalt zur Ausführung symbolischer Kunstschöpfungen. Gleichnisweise nennt sich Christus den guten Hirten, der das verirrte Schaf in der Wüste aufsucht. Der christliche Künstler zieht dieses von Christus selbst gezeichnete Bild des guten Hirten in den Bereich seiner bildlichen Darstellungen. Er erblickt in der Tätigkeit des »pastor bonus« ein Bild jenes Gnadenamtes, dessen Verwaltung Christus in die Hände seiner auf Erden gestifteten Kirche gelegt hat.

Mit der bildlichen Darstellung des guten Hirten geht dann auch Hand in Hand die bildliche Schilderung der Wunder, die Christus verrichtet hat. Sie werden von der christlichen Kunst tatsächlich als Werke des Erlösers vor Augen geführt ohne Zuhilfenahme von Mittelbildern. Nur vor dem Einen, Christus selber in eigener Gestalt, persönlich gleichsam darzustellen, nimmt man sich in Acht. Ein Jüngling, so schön der Pinsel ihn zu malen versteht, muss die lebenswahre Kopie des Meisters ersetzen. Ein Genius der Phantasie vertritt denjenigen, der nun jetzt als Hoherpriester im Himmel und im eucharistischen Sakrament tront. Zu reicherer Entfaltung dringt Christi Bild in der christlichen Kunst der drei ersten Jahrhunderte nicht vor, sondern eine solche blieb der späteren Zeit reserviert.

Für den symbolischen Charakter, an dem fast alle Katakombenbilder partizipieren, suchte man verschiedene Erklärungen. Sämmtliche Erklärungsweisen, trotz ihrer sonst verschiedenartigen Färbung, kommen darin überein, dass sie diese symbolische Tendenz der frühchristlichen Kunstprodukte als ein Werk höchst weiser und kluger Oekonomie der Kirche ausgeben. Die nicht ohne Grund gehegte Befürchtung der Kirche, die neubekehrten Heiden möchten durch bildliche, naturgetreue Darstellungen Christi und Mariens wiederum in Idolatrie verfallen, sowie die der Natur der ersten Christen zugeschriebene Scheu vor den Bildern und derem Kulte führte man vielfach als Gründe dieser symbolischen Darstellungsweise an. Die Arkandisziplin scheint indessen der beste Kommentator dieses kunsthistorischen Zuges zu sein.

Wie die Griechen, Perser und Aegypter ihre philosophisch-
theologischen Mysterien hatten, bei den Römern eine politische,
auf den Namen der ewigen Stadt sich beziehende Arkandisziplin bestand, und wie bei den alten Philosophen hin und wieder in Bezug auf die Mitteilung ihrer eigentümlichen Philoso-
pheme eine grosse Vorsicht geübt und empfohlen wurde, was
selbst die Koryphäen der jüdisch-alexandrinischen Schule zum
strengen Gesetze gemacht, so hatte auch die Kirche ein Ge-
setz' weiser Vorenthaltung ihrer höheren Religionsdoktrinen und
Sakramente, gegründet auf die Ermahnung Christi, das Heilige
nicht den Hunden zu geben und die Perlen nicht den Schweinen
vorzuwerfen, auf die Aufforderung der Schrift[1]), das Geheimnis
des Königs zu verbergen, sowie gemäs der Lehrweisheit des
Apostels, wonach den Unmündigen nur Milch zu reichen und
die stärkere Speise den Reiferen aufzubehalten ist.

Den wirklichen Bestand einer solchen Arkandisziplin bezeugen uns die in ihren Angaben zuverlässigsten und den grössten Glauben verdienenden Männer der alexandrinischen Schule,
namentlich Origines[2]), welcher oft hiervon spricht. Für den
Bestand dieses alten Kirchenstatuts sprechen ferner Tertullian
und die apostolischen Väter der morgen- wie abendländischen
Kirche, wie Hilarius, Laktantius, Cyrill von Jerusalem, Basilius,
Gregor von Nazianz, Ambrosius, Chrysostomus, Cyrill von Alexandrien, Theodoret und Andere.

Wenn Justin der Martyrer in seiner Apologie gegen An-
tonin und die beiden Cäsare freier und offener von den Ge-
heimnissen des Christentums redet, so ist das noch lange kein
vollgiltiges Argument gegen diese altkirchliche Einrichtung,

---

[1]) Tob. XII, 7.

[2]) Ἐπὰν τὰ περὶ τοῦ Ἰησοῦ κατὰ τὴν τοῦ λόγου σοφίαν διεξωδεύωμεν
τοῖς ὡσ ἐν χριστιανισμῷ τελείοις Cels. III, 19. — Τὰ ἐν ἡμῖν μάλιστα καλὰ
καὶ θεῖα τότε τολμῶ μὲν ἐν τοῖς πρὸς τὸ κοινὸν διαλόγοις φέρειν εἰς μέσον,
οἳ εὐποροῦμεν συνετῶν ἀκροατῶν, ἀποκρύπτομεν δὲ καὶ παρασιωπῶμεν τὰ
βαθύτερα, ἐπὰν ἁπλουστέροις θεωρῶμεν τοῖς συνερχομένοις καὶ δεομένοις
λόγων τροπικῶς ὀνομαζομένων γάλα. Ibid. III, 52. — Ἐκκλησιαστικὸν
λόγον οὐ δεῖ ἔξω τῆς ἐκκλησίας πρεσβεύειν ὡς ἔξω τῆς οἰκίας μὴ ἐκφέρειν
τὰ κρέα φημὶ δὲ εἰς συναγωγὴν ἰουδαίων ἢ αἱρετικῶν ὅμοιον γάρ ἐστι τῷ
ῥίψα τοὺς μαργαρίτας ἔμπροσθεν τῶν χοίρων. In Exod. XII, 46.

sondern nur als eine durch die Umstände motivierte Ausnahme
von der allgemeinen Regel zu erachten, aber »exceptio firmat
regulam« gilt auch hier. Ein anderer Apologet hat sich eine
solche Exzeption niemals erlaubt.

Zu den Gegenständen der Arkandisziplin bezüglich der
Katechumenen gehörte die Lehre von der Trinität[1]), der
Busse[2]) und der Eucharistie[3]). Auch durften sie bei den
anderen Sakramentshandlungen niemals zugegen sein. In noch
höherem Grade, als bei den Katechumenen, musste die Geheim-
haltung der christlichen Mysterien den Heiden gegenüber stattfinden.

Bei aller Strenge, womit die Arkandisziplin gehandhabt
wurde, konnte doch nicht ganz und gar vermieden werden, dass
hie und da christliche Geheimnislehren auch auf heidnisches
Gebiet transpirierten. Ich erinnere nur an die von den Juden
bei dem heidnischen Pöbel in Umlauf gesetzte Anschuldigung
der Christen wegen Anthropophagie und an die heidnische Vor-
stellung, dass die Katakombenchristen dem Bachus und der
Ceres opfern.

Die so grosse Sorgfalt und eiserne Konsequenz, welche in
der von der Arkandisziplin gebotenen Tätigkeit lag, erstreckte
sich auch auf die frühchristlichen Kunstausübungen in den Katakomben, da die Kunst im Dienste der christlichen Religionslehre stand. Ausserdem waren die christlichen Begräbnisplätze
gegen die Aussen- und Oberwelt keineswegs so hermetisch ab-
geschlossen, dass ein Vor- und Eindringen gegen sie seitens der
Heiden unmöglich gewesen wäre, abgesehen davon, dass mit
der Einrichtung des Katechumenats die hiervon betroffenen Heiden geradezu ein positives, auf der Notwendigkeit ihrer Infor-
mation in den christlichen Heilswahrheiten beruhendes Recht
zum Besuch der Katakomben hatten. Um nun den Katechumenen
wie anderen Heiden bei ihrem etwaigen Eintritte in die Roma
Sotterranea jede Gelegenheit zur Profanation christlicher Mysterien abzuschneiden, umgab man die Darstellung solcher My-

---

[1]) Cyrill. catech. VI. n. 29.   [2]) Pacian. Sympr. I. n. 5.   [3]) Cyrill. catech. XIX. n. 1.

sterien mit symbolischen Zeichen und Bildern, hinter denen sich
der wahre und eigentliche Sinn der christlichen Geheimnislehren
verbarg, und nur für den Eingeweihten erkennbar war.

Und so scheint denn das Wort des heiligen Augustinus,
jenes grossen, afrikanischen Kirchenlichtes, nicht blos längst
bestandenen Verhältnissen, sondern auch dem von ihm noch
selbst, mit eigenen Augen, in den Katakomben Roms Gesehenen
abgelauscht worden zu sein, das Wort: »Novum testamentum
in vetere latet«.

*2. Die religiösen Kunstprodukte des Urchristentums haben
durchgehends einen didaktischen Wert, wollen mit Vorzug be-
lehren und erbauen. Die Intention, hiermit zu dekorieren, darf
nur als sekundär gelten.*

Dieser Gedanke hat bereits oben seine Begründung erhalten.

*3. Die Interpretation kommt der Wahrheit des im Bild-
werk enthaltenen Sinnes um so näher, als der Interpret bei
seiner Tätigkeit im Einklange mit der religiösen Literatur seiner Zeit sich weiss.*

Aus der religiösen Literatur ihrer Zeit nahmen die Vertreter der frühchristlichen Kunst die darzustellenden Ideeen, und
gerade daraus ergibt sich die Notwendigkeit, bei Eruierung der
im Bildwerk liegenden Gedankensphäre auch die gleichzeitige
Literatur zu konsultieren. Oder wer wollte zweifeln, dass das
aus ein und derselben Quelle geschöpfte Wasser mit dem darin
zurückgebliebenen nicht ein und dasselbe Wasser sei? Beide
Flüssigkeiten sind weder in generischer noch in spezifischer Beziehung von einander verschieden, sie unterscheiden sich höchstens durch die Menge und nur durch das Gefäss, in dem sie
enthalten sind. Ganz analog verhält es sich mit den von dem
frühchristlichen Kunstgenius gefertigten Produkten. Der Geist,
der aus solch' einem Bildwerke zu uns spricht, ist der Geist der
Heiligen Schrift und der hiermit zusammenhängenden Literatur;
die Summe der geschauten Ideeen dagegen ist eine kleinere und
das Gefäs, in dem sie von der Kunst uns geboten wird, ein in
dem Glanz bunter Malerei oder blendenden Gesteins strahlendes
Bildnis. Wer bei Interpretation frühchristlicher Kunstschöpfungen
die religiöse Literatur ignoriert, der wird bei seiner Arbeit ganz

gewiss auch verlassen von jenem »lumen cordium«, durch dessen
wirksamen Einfluss die religiöse Literatur des Urchristentums entstand, und ohne das eine korrekte, gottgefällige Erklärung religiöser Bildwerke wohl nie zu Stande kommen mag. Mit Entwertung
der Heiligen Schrift wird der Kunstinterpret am Ende seiner
Laufbahn sich vor einem Ziele sehen, das der gesuchten Ob-
jektivität und authentischen Wahrheit nicht entspricht. Nur das
beständige Vergleichen der durch subjektive Tätigkeit gewon-
nenen Ergebnisse mit dem Geiste der Heiligen Schrift, wie er
aus der Literatur der Väter zu uns spricht, wird den Interpreten
allein vor allenfallsigen Irrgängen bewahren.

So hat also auch der Kunstinterpret, wie der Erklärer der
Heiligen Schrift, hermeneutische Grundsätze, welche die allgemeine Approbation der Fachleute erhalten haben, bei seiner
Funktion zu beobachten. Es ist ihm nicht gestattet, dieselben
durch der eigenen Willkür entlehnte Prinzipien zu ersetzen, soll
der typifizierte Ideeenkreis von ihm der Wahrheit gemäs erfasst,
und dem gefundenen Ergebnis allgemeine fachmännische Anerkennung zu Teil werden.

Wandgemälde in den römischen Katakomben.

VI.

Theologischer Ideeenkreis der frühchristlichen Kunstprodukte.

Wenn hier von der theologischen Gedankensphäre der frühchristlichen Kunst die Rede ist, so kann es sich selbstverständlich nur um das materielle Objekt der Theologie handeln, insoweit dieses von der Kunst in den Kreis ihrer Darstellungen
gezogen wurde. Denn eine Darstellung der formellen Ausgestaltung der christlichen Lehrsubstanz durch die Wissenschaft,
hat die Kunst meines Wissens niemals angestrebt, wäre auch
eine Tantalusarbeit, da das Wort als solches schlechthin un-
darstellbar ist.

Die Eruierung des religiösen Ideeenkreises aus den Werken
der frühchristlichen Kunst führt uns nach Masgabe der bis heute
gemachten Forschungen und Entdeckungen in die Katakomben
und wiederum in die Katakomben [1]) Roms und anderer Orte. Die
ersten wie die letzten Produkte frühchristlicher Kunsttätigkeit haben wir hier zu suchen. Wenn auch immerhin ihre Anzahl und noch
mehr die Mannigfaltigkeit ihres Sujet hinter unseren Wünschen
zurückbleiben, um so zufriedenstellender ist die Summe der darin
verborgenen Ideeen. Ein ganzes Füllhorn herrlicher Gottes-

---

[1]) Ueber die Etymologie des Wortes Katakombe $=$ catacumba herrscht
bis zur Stunde noch grosses Dunkel. Marchi und teilweise auch de Rossi denken
an das lateinische cubare mit Interpolation von m, so dass cata (nach Marchi
cata $=$ κατά $=$ ad, cum, de) cumbas identisch wäre mit ad accubitoria (ad
coemeteria) christianorum. Diese gegebene Erklärung hält auch Kraus einst-
weilen für die beste. Wiederum Andere (Ducange) identifizieren cumba mit
cymba $=$ κύμβος, so dass catacumba so viel wäre wie ad cryptas, ad valles.
De Waal's neuestes Urteil über diesen dunklen Punkt geht dahin, dass dieser
Name von einem Wirtshausschild herrühre, also ursprünglich ad cumbas gelautet
habe, wie auch ad tres tabernas, ad aquilam, ad ensem u. dgl. als Motto's für
Wirtshausschilde im Gebrauche stehen. Das Wirtshaus habe der Gegend den
Namen gegeben. Kraus a. a. O. S. 120. Anm. 1.

blumen ist über den Bilderschmuck der unterirdischen Roma ausgeschüttet und lässt den Mangel an malerischen Zierraten, wovon noch mancher Flächenteil darin unberührt blieb, um so leichter vergessen. Dieser farbenreiche Blütenschmuck aus dem Gottesgarten der heiligen Theologie ist auf die einzelnen Partieen seines reichhaltigen Materials allerdings in sehr ungleicher Weise verteilt. Am öftesten wiederholen sich die Darstellungen von Christus und seiner erlösenden Tätigkeit, während der ersten und dritten göttlichen Person nur in mehr sporadischer Weise von der Kunst Rechnung getragen ist. Dazu kommt noch, dass die von Gott Vater und dem Heiligen Geiste sich findenden Abbildungen nur auf Symbole oder Inschriften sich beschränken, und demnach der eigentlichen Kunst ganz ferne stehen.

Das Christentum, welches seine ersten Bekenner aus dem Judentum rekrutierte, ist wie dieses, nur in noch höherem Grade, die Religion des Monotheismus. Es erweitert den Begriff Gottes, der in der jüdischen Religion des Alten Bundes noch von manchen Einschränkungen umgeben war. Die Idee der Trinität,[1]) wovon der Alte Bund im heiligen Verkehre mit Jehovah nur Andeutungen[2]) erhalten hatte, erscheint im Christentum von ihren Umhüllungen gänzlich befreit. Die Inkarnation des Logos, die von ihm bei seinen Lehrvorträgen über das innere Wesen und Leben Gottes gebrauchten Ausdrücke, sowie die Gotteserscheinungen am Jordan und auf Tabor, lassen über die Realität der Dreipersönlichkeit Gottes nicht mehr im Geringsten zweifeln. Die Lehre dreier, von einander verschiedener Individualitäten in Gott ist durch die von Christus vorgeschriebene

---

[1]) Seit und durch Tertullian ist in der lateinischen Kirche für die Dreipersönlichkeit Gottes der Terminus »Trinitas« gebräuchlich, während die Benennung »Trias«, die sich zuerst bei Theophilus findet, und später den Alexandrinern sehr sympathisch war, seit der Synode von Alexandrien (317) in der griechischen Kirche allgemein üblich ist. Cfr. Theophil. Autolyc. II. 15. — Clem. strom. VII, 7. Origin. Exod. Hom. IX, n. 3. — Tertull. Prax. III. XII. Pudic. XXI. — Ausserdem finden sich bei Tertullian (Prax. II. III. VIII.) auch noch die Ausdrücke οἰκονομία und (Prax. IV) dispensatio, dispositio.

[2]) Cfr. Gen. I, 6. 26.

Taufformel als Grundlehre des Christentums verkündigt. Jeder,
der in die Kirchengemeinschaft eintritt, muss zuerst seinen
Glauben an den Vater, Sohn und Heiligen Geist bekennen,
durch den Sohn mit dem Vater und durch Beide mit dem Heiligen Geiste in Verbindung treten. Analoge Verhältnisse, wie
mit der Trinität, bestehen auch mit den übrigen Lehren und
Einrichtungen des Christentums zwischen dem Alten und Neuen
Bunde. Der Alte Bund repräsentiert nach dem Zeugnisse Christi
und der Apostel in seinen Lehren und religiösen Instituten den
Schatten oder die Unvollkommenheit, der Neue Bund dagegen
ist seine Erfüllung und Vollendung. Ein richtiges und allsei-
tiges Verständnis von dem historischen Bestande des Alten
Bundes, namentlich von dessen Zweckbeziehung und organischer
Gliederung, konnten deshalb nicht schon die Juden, sondern erst
die Christen erhalten. Christus beruft sich bei seinen Lehrvorträgen mehr als einmal auf das Alte Testament, desgleichen
auch die Apostel, die ersten Lehrer der Kirche, namentlich
wenn es gilt, die Juden von der Wahrheit des erschienenen
Messias zu überzeugen. Aber auch für manche Einrichtung in
der Kirche, wie z. B. für den Bestand des eucharistischen Opfers,
wird der Beweis aus dem Alten Testamente erbracht.

Dieser von Christus und den ersten Lehrern der Kirche
eingehaltene Modus, bei Erörterung und Begründung christlicher
Heilswahrheiten fast ausnahmslos an den Alten Bund zu ap-
pellieren, war bei Allen, die sich mit der Verkündigung des
Evangeliums befassten, gleichsam zu Fleisch und Blut geworden, und teilte sich auch den Hörern und Lesern der christlichen
Predigt mit. Daher mag es wohl auch kommen, dass die aller-
ersten Produkte der christlichen Kunst nur Gedanken und Begebenheiten aus dem Alten Testamente uns vorführen.

Schon beim ersten Schritt auf religiösem Gebiete gehen
Heidentum und Christentum in ihren Wegen auseinander, und
bei jedem ferneren Schritt werden die Gegensätze zwischen beiden
noch schneidender. Der heidnische Gottesbegriff ist ein ganz
anderer als der christliche. Der Christ hält mit dem Juden am
Monotheismus fest, der Heide dagegen statuiert den Polytheis-
mus. Dem Christen ist diese göttliche Monas ein persönliches,

selbstbewusstes, ausserweltliches, die Ursache seines Seins in sich selber tragendes Wesen, die Götter der Heiden dagegen sind in vielen Fällen nicht einmal persönliche, sondern unpersönliche, gestaltlose und gewordene Wesen und Kräfte.

Den Heidenchristen gegenüber galt es nun, überall, namentlich bei gottesdienstlichen Zusammenkünften, und mit allen verfügbaren Mitteln, die Lehre von der Einheit und Einzigkeit Gottes vor allem in den Vordergrund zu stellen. Diesem Zwecke musste selbstverständlich auch die darstellende Kunst dienen, nachdem sie sich einmal in den Dienst der Kirche begeben hatte. Sie tat es auch wirklich, und mit welchem Eifer und welcher Hingebung sie ihre Aufgabe erfüllte, das zeigen wohl am Besten die Kunstprodukte der Roma Sotterranea.

Bildwerke der göttlichen Trinität.

. Der christliche Glaube an die Einzigkeit des göttlichen Wesens findet seinen bestimmtesten Ausdruck in den verschiedenen Inschriften auf den Grabmonumenten der im Herrn Entschlafenen.

Solche Inschriften sind:

VIVAS IN DEO, — IN DOMINO, — HAVE, VALE, VIVATIS IN DEO, — EVOCATVS A DOMINO, — RECEPTVS AD DEVM, — ACCEPTA APVD DEVM, — IVIT AD DOMINVM u. s. w., lauter Inskriptionen, in denen der christliche Glaube an ein einziges göttliches Wesen, aber auch in der schlagendsten Weise hervortritt, während die Heiden auf ihre Grabmonumente, insoweit sie diese mit Inschriften dekorierten, vielfach in, wie es scheint, nur auf Willkür und individuellem Geschmack beruhender Abwechslung mit Anderem auch den folgenden Text setzten: RAPTVS A DIIS, — INTER DEOS RECEPTVS.

Laut redende Zeugen für die monotheistische Anschauung der ersten Christen haben wir auch an den sogenannten, allerdings nicht zur eigentlichen Kunst zählenden, aber immerhin für die monumentale Theologie nicht ganz wertlosen Graffiti, gleichfalls wie die Grabschriften alphabetische Zeichen, die im Augenblick der Begeisterung oder warmer Empfindung schon von den ältesten Besuchern der Katakomben auf die Wände improvisiert wurden, und sich teilweise bis heutigen Tages noch erhalten haben, wie beispielsweise: VIVAS IN DEO CRISTO, — ZHC EN $\Theta E\Omega$, BIBAC IN $\Theta E\Omega$.

Die christliche Lehre von der göttlichen Providenz, von einer auch nach vollbrachter Schöpfung noch in diese Welt hereinragenden Tätigkeit Gottes (Theismus) tritt uns entgegen in dem Bilde einer menschlichen Hand, welche vom Himmel herab durch die Wolken dringt, und in die Speichen des Zeit- und Weltenrades eingreift. Die Hand Gottes wird sichtbar beim Opfer Abrahams; dieselbe übergibt dem Führer des alttesta- mentlichen Bundesvolkes, dem gehörnten Moses, das Buch des Gesetzes.

Monumentale Züge dieser christlichen Doktrin scheinen uns auch zu begegnen in jenen beiden Katakombenbildern, welche Daniel in der Löwengrube und die drei Jünglinge im Feuer- ofen zur Darstellung bringen. Die Intention der christlichen Künstler ging dahin, mit diesen beiden Schöpfungen den Chri- sten auch etwas Ermutigendes zu bieten, dessen sie gerade zur Zeit der Verfolgung so sehr bedurften. Was war aber hierzu geeigneter, als gerade die Geschichte von Daniel und den drei babylonischen Jünglingen, ganz und gar abgesehen von der gros- sen Aehnlichkeit der vom Hofe zu Babylon ausgehenden Szenen mit der nachmaligen Christenverfolgung im römischen Reiche? Hier wie dort waren es fast die gleichen Strafarten sowie nur religiöse Motive, welche dieselben veranlassten. Der durch diese beiden Darstellungen ausgedrückte Gedanke war wohl identisch mit der vox populi: »Wo die Not am grössten, ist Gottes Hilfe am nächsten«. Mit Zugrundelegung dieses Sinnes werden beide biblische Ereignisse auch von Cyprian und Tertullian in ihren Schriften für die Christen verwertet.

Viel Tröstliches und Ermutigendes bot der leidenden und damals so sehr verfolgten Kirche auch die Geschichte mit Su- sanna dar. In ihrer bildlichen Wiedergabe findet sich gleich- falls ein lauter Appell an die göttliche Providenz.

Desgleichen müssen alle Jonasszenen mit Ausnahme der- jenigen Darstellungen, in denen der Prophet vom Fische an's

Land gespieen wird, als Symbole der göttlichen Providenz,
ihres in der Welt- und Menschengeschichte fühlbaren Schaltens
und Waltens erachtet werden. Dazu rechne ich die bildliche
Wiedergabe jenes biblischen Vorganges, die den Sittenrichter
Niniveh's uns vor Augen führt, wie er sich niedergelassen im
Osten der Stadt und sich eine Hütte gefertigt und er nun im
Schatten des Epheu (oder Kürbis nach der Uebersetzung der
LXX) sass, bis er sah, was der Stadt geschehen; und wie er
nachher schmachtete und zürnte, weil die Sonne auf sein Haupt
traf und der Epheu verdorrte [1]).

»Kein direktes Zeugnis der Väter«, äussert sich Kraus [2]),
»sagt uns, weshalb man diese Szenen aus dem Leben des Jonas
dem Auge der Gläubigen so oft gezeigt hat; es lässt sich aber
denken, dass man dieselben als eine Quelle reicher Belehrung
und Ermutigung für die armen verfolgten Christen betrachtete,
welche in Mitten einer noch grösseren und wo möglich noch
gottloseren Stadt als diejenige, wohin der Prophet gesandt
war, leben mussten«.

Für den Glauben an den Heiligen Geist findet sich das
Symbol der Taube. So ist dieselbe z. B. angebracht auf dem
die Taufe Christi darstellenden Bilde im Friedhofe der Luzina.
Indessen dient die Taube der christlichen Kunst auch als Sinn·
bild der bereits beatifizierten, vor Gottes Tron stehenden Seele.
Diesen Zustand verdankt die Seele aber vorzugsweise der ihr
während des irdischen Lebens zu Teil gewordenen Einwirkung
des Heiligen Geistes. Die Taube vertritt also hier das Symbol
einer theopneumatischen Kausalität (causa pro effectu).

Gegen Ende des vierten Jahrhunderts entstehen Bildwerke,
auf denen dem Glauben an die göttliche Trias auch durch
menschliche Figuren bildlicher Ausdruck verliehen ist. Die
Darstellung der zwischen den drei göttlichen Substanzen bestehenden Wesensidentität wird dadurch ermöglicht, dass
drei menschlichen Figuren der gleiche Gesichtstypus gegeben
wird. Eine ungleich grössere Popularität, als die erste und dritte

---

[1]) Jon. 4, 5—8.
[2]) Kraus a. a. O. S. 281.

Person, genoss bereits bei den ausübenden Künstlern des Urchristentums die zweite Person und dieses aus sehr nahe
liegenden Gründen.

Durch die Annahme der menschlichen Natur wurde der
Logos Einer aus unserem Geschlechte, und trat durch sein äusseres
Wirken, welches von der grössten Unmittelbarkeit getragen war,
mehr als die zwei anderen Personen zu den Menschen in Beziehung. Von der zweiten Person ist nicht blos das gewirkte
Werk, sondern auch der Wirkungsmodus der unmittelbaren
Wahrnehmung zugänglich. Was sie tut, geht unter den Augen
der Menschen vor sich, während Vater und Geist zumeist in
ihren Werken allein der Welt sich offenbaren, also ihre Wirk-
ungsweise den Blicken der Sterblichen entzogen bleibt. Das
»Wort des Vaters« partizipiert an derselben menschlichen Natur,
wie wir, hat menschliche Individuen zu seinen Zeit- und Alters-
genossen. Sein Körper ermöglicht Anderen, es von Angesicht
zu Angesicht zu schauen, mit ihm zu essen, zu trinken. Durch
Annahme der menschlichen Natur und Betätigung der menschlichen Seiten ist Christus zu einer historischen Person geworden,
und zwar in einer ganz hervorragenden Weise, wie Niemand vor
und nach ihm. Gegen den Inhalt seines Lebens verschwindet
jedes andere, geschaffene Leben; so reich und erhaben sind
die in ihm liegenden und konkret gewordenen Ideeen. Ein nicht
enden wollender Faden historischer Züge verbindet Krippe und
Kreuz, die grossen Wendepunkte der Zeit-, Welt- und Religions-
geschichte. Eine Menge konkreter Züge gibt's da für den
Künstler zu verwerten, welche uns bei den zwei anderen göttlichen Personen fehlen. Es ist deshalb auch ganz begreiflich,
wenn die christlichen Kunstelaborate fast völlig in der Christo-
logie aufgehen.

Bei der bildlichen Darstellung der zweiten Person hielten
sich die christlichen Meister an das Diktum: »Varietas de-
lectat«. Verschiedene Darstellungsweisen Christi finden sich in
den Katakomben. Als Einzelfigur wird die zweite Person von
der frühchristlichen Kunst selten behandelt, fast immer ist ihr
ein grösseres oder kleineres Beiwerk zu Teil geworden.

Christus unter dem symbolischen
Zeichen der Fische (Katakomben).

Monogramm Christi (Katakomben).

Unter den symbolischen Bildern, insoweit sie sich auf blosse
Zeichen, ohne alles und jedes der eigentlichen Kunst entlehnte
Annex, beschränken, nennen wir aus der vorkonstantinischen
Zeit den Fisch [1]). In der Regel sind es zwei Fische neben einander mit verkehrter Kopfstellung. In den phonetischen Zeichen
des griechischen Wortes *IXΘYΣ* (Fisch) lasen die Katakombenchristen den Text: *IHΣΟYΣ XPIΣTOΣ ΘΕΟY YIOΣ ΣΩTHP.*
Manchmal erscheint der Fisch mit einer Beigabe, wodurch der
hiermit verbundene Begriff »Jesus« näher präzisiert wird. Der
um einen Stab sich windende Fisch ist ein Bild des am Kreuze
leidenden und sterbenden Erlösers oder ein Symbol des ob-
jektiven Erlösungswerkes. Der Fisch mit einem Körb-
chen Brot bedeutet den eucharistischen Christus oder, was dasselbe ist, einen Abschnitt des subjektiven Erlösungswerkes. Das Kreuz [2]) in mehrfacher Form, umringt von den
Hauptbuchstaben (*X P*) aus Christi Namen oder dem *A* und *Ω*
als Anfang und Ende, ist gleichfalls ein von den christlichen
Gemeinden viel gebrauchtes Symbol Jesu Christi.

In den ältesten Gemälden ist die Darstellung Christi als
einer historischen Person meistens vermieden. Die realistische

---

[1]) Ueber das Alter dieses Symbols siehe Kraus a. a. O. S. 239.

[2]) Ueber das Alter dieses Symbols siehe Stockbauer, Kunstgeschichte des
Kreuzes. Schaffh. 1870.

Auffassung macht einer mehr idealen Anschauung Platz. Entweder ist es ein Jüngling mit verklärten Zügen oder der von der Heiligen Schrift ruhmreichst erwähnte »gute Hirte», wenn es gilt, Christi Person darzustellen. Viele Darstellungen bieten uns nicht einmal dieses, sondern nur das Antlitz Christi. Man hat die Frage aufgeworfen, ob hinter dieser Partialdarstellung Christi nicht etwa eine Portraitähnlichkeit mit Christi wirklichem Antlitze zu suchen sei. Diese Frage muss nach dem Zeugnisse des heiligen Augustinus [1]) und Irenäus entschieden verneint werden. Beide versichern, dass sie ein dem wirklichen Antlitze Christi entsprechendes Bild nicht kennen, wenn gleich das in der Katakombe der heiligen Domitilla angebrachte Brustbild Christi den späteren Meistern, wie einem Giotto, Leonardo da Vinci, Rafael, den Karacci's längere Zeit als nicht zu verlassendes Muster gedient hat. Wenn ferner von einer Statue Christi berichtet wird, welche die nach Matthäus IX, 20 von ihm geheilte Frau ihm zum Danke habe errichten lassen, und von Kaiser Julian wiederum zerstört worden sei, wenn ebenso nach alter Tradition ein Bild Christi von Nikodemus geschnitzt worden sei, so liegen solchen Ueberlieferungen ebensowenig geschichtliche Zeugnisse zu Grunde, als der historische Bestand eines angeblich vom heiligen Lukas gemalten Bildes Christi oder der wirkliche Abdruck seines Antlitzes im Schweisstuche Veronika's mit aller Exklusivität des Gegenteils nachweisbar ist.

Die Darstellungen Christi unter dem Bilde des guten Hirten zeigen sowol in Bezug auf den Ort, wo sie domizilieren, als auch in Bezug auf technische Behandlung, wie bereits oben erwähnt wurde, eine grosse Varietät. Wir treffen sie bald als Wandgemälde in den Grabkammern, in Stein gehauen, auf Särgen oder als einzelnes Standbild, mitunter selbst nur in ganz rohen Umrissen auf den Verschlussteinen der Grabnischen, auch eingeritzt in den Grund der sogenannten Goldgläser, sowie auf Ringen und Lampen.

---

[1]) Dominicae facies carnis innumerabilium cogitationum diversitate variatur et fingitur. De trinit. VII, 4.

Christus als guter Hirt.

Von den Christi Person vorstellenden Katakombenbildern
ist wiederum das weitaus populärste die Darstellung Christi als
des guten Hirten. Es ist für die altchristliche Zeit nur mit
wenig Mühe und Schwierigkeit verbunden, eine ganze Menge in
Behandlung des Details allerdings oft ganz verschiedener Bilder
des guten Hirten uns vorzuführen. Die Erklärung dieses durch
seinen Reichtum auffallenden Bildervorrates aus ästhetischen
und artistischen Gründen allein, wie Kugler meint, ist viel zu
einseitig, um das Richtige zu treffen. Kraus kommt entschieden
den Intentionen der altchristlichen Zeit viel näher, wenn er die
in Rede stehende Massenproduktion durch das biblisch-theolo-
gische Wissen und Gewissen der ersten Christen motiviert sein
lässt. Wie fast überall, so dürfte auch hier die Wahrheit in der
Mitte liegen. Beide Erklärungen nur in ihrer Kombination, allerdings mit Unterordnung der Kugler'schen unter jene von Kraus,
scheinen uns das richtige Motiv dieser unsere Aufmerksamkeit
mehr als sonst beanspruchenden Erscheinung allein zu enträtseln.

Es wird ferner vielfach behauptet, der gute Hirt der
altchristlichen Künstler sei nichts mehr und weniger als
das getreue Porträt heidnisch - mythologischer Persönlich-

keiten, welche das griechisch-römische Altertum gleichfalls
in den Kreis seiner Kunsttätigkeit zog. Von dieser Ueber-
zeugung geleitet, identifiziert man den guten Hirten der römischen Katakomben bald mit dem einen Widder auf den
Schultern tragenden oder von einem solchen begleiteten Hermes[1],
bald mit einem eine Ziege oder auch ein Lamm tragenden
Satyr.[2])

[1]) Hermes, Ἑρμῆς — der Merkurius der Römer —, Sohn des Zeus und
der Maia, einer Tochter des Atlas, auf dem arkadischen Berge Kyllene geboren
(daher Κυλλήνιος). Kaum geboren, verlässt er die Windeln und die Höhle
seiner Mutter und stiehlt fünfzig Rinder von den Heerden der Götter, welche Apollon
in Pierien weidet; er weiss sie so geschickt zu führen und in einer Höhle zu
verbergen, dass man keine Spur von ihnen entdecken kann, und begibt sich
dann wieder in seine Windeln. Aber Apollon entdeckt den Dieb durch seine
Weissagung und führt ihn, da er leugnet, in den Olympos vor Zeus, der ihm
befiehlt, die Rinder zurückzugeben. Als aber Apollon den Hermes die Lyra,
die er aus der Schale einer Schildkröte gemacht hat, spielen hört, schenkt er
ihm für das Instrument die Rinder, die Hermes hinfort weidet; auch gibt er ihm
den goldenen, dreisprossigen Stab des Glückes und Reichtums und heisst ihn zu den
Thrien, drei geflügelten Jungfrauen auf dem Parnasse, gehen, um von ihnen die niedere
Weissagung zu lernen, während er für sich selbst die höhere Weissagung behält.
Zeus aber macht ihn zum Herolde der Götter, der zugleich auch das Amt hat,
die Todten zum Hades zu führen. Ausser diesen beiden Aemtern ist ihm noch
verschiedene andere Funktionen zugedacht. Er ist der Herold der Götter, der
Führer der Träume, der Gott der Erfindungen, der Wege und des Fundes, der
Heerden und Weiden. Der älteste Sitz seines Kultus war das pelasgische Arka-
dien. Seine Bilder und Altäre standen an den Strassen und Wegen und öffent-
lichen Plätzen und am Eingange der Ringschulen. Allbekannt waren damals die
sogenannten Hermen oder Hermessäulen, plastische Hermesköpfe, welche in einen
viereckigen Fusspfeiler oder in eine Säule ausliefen und vorzugsweise in den
Strassen und vor den Häusern üblich waren. Sie bezeichnen wohl den ältesten
Anfang der Bildhauerkunst und kamen von Griechenland nach Italien, wo sie
fast regelmässig den Dienst von Grenzpfählen versehen mussten. Die Kunst
stellte den Hermes vielfach dar als kräftigen, schlanken Jüngling mit ruhigen,
einen feinen Verstand und freundliches Wohlwollen bekundenden Zügen, mit
Flügeln an den Sohlen und einem flachen Reisehut mit breiter Krempe, an den
man später auch Flügel setzte. Lübker, Reallexikon des klassischen Altertums.
Leipzig 1867. S. 426.

[2]) Begleiter des Dionysos, Repräsentanten des üppigen und ausgelassenen
Naturlebens im bakchischen Kreise. Ihre Gestalt ist die zur menschlichen erhobene Bocksgestalt; sie haben struppiges Haar, stumpfe, aufgeworfene Nasen,
zugespitzte, ziegenartige Ohren, ein Ziegenschwänzchen oder einen Pferdeschweif;

Diesen beiden Kunstdarstellungen analoge Schöpfungen
kannte das heidnische Altertum noch mehrere. Namentlich war
es die idyllische Poësie der Römer, woraus die Ideeen zu derlei
Bildern genommen wurden.

Man wird nicht leugnen können, dass von den in diesem
Genre gehaltenen Darstellungen auch die Christen Kenntnis
hatten, und selbst der ultramontanste Kunstpatriot, welcher dem
autodidaktischen Charakter der altchristlichen Kunst auch hierin
gerne das Wort reden möchte, wird, wenn er in seinem Ur-
teile objektiv sein will, zugestehen müssen, dass die christlichen
Künstler den äusserlichen Typus zu ihrem guten Hirten den
heidnischen Darstellungen entlehnt haben.

Der gute Hirte erscheint fast immer nur in schöner, ju-
gendlicher Gestalt. Der christliche Meister antizipiert für seine
Kunstschöpfung das Wort des heiligen Augustinus: »Die Jugend
des guten Hirten ist unvergänglich.« In Aug und Blick liegt
der Ausdruck der Milde und Sanftmut. Das kurze Oberkleid
ist um die Lenden gegürtet, die Schenkel über den Sandalen
sind in eine Art Netz von Bändern geschnürt. Als fast stän-
diges Beiwerk figurieren der Hirtenstab, die aus sieben Stimm-
pfeifen bestehende Hirtenflöte und das Milchgefäss.

Keine Seite der Hirtentätigkeit lässt die Kunst unberücksichtigt. Bald macht der gute Hirte sich auf, das verlorene
Schaf zu suchen, bald ruht er, von der Anstrengung des Suchens
ganz ermüdet, auf einem Steine sitzend aus, während der ihn
begleitende Hund in traulicher Weise zu ihm aufschaut, bald
erscheint er bei den Lämmern in der Hürde oder auf der Weide.

Kommt der gute Hirte als Einzelfigur zur Darstellung, so
trägt er in der Regel ein Schaf auf der Schulter. Vielfach ist
er auch von Schafen umgeben, wovon die einen, dem Hirten
zugewendet, mit verständiger Miene zu ihm aufschauen, gleichsam zu hören, was er sagt, während die anderen sich von ihm

---

ihre Züge tragen den Charakter mutwilliger Rohheit. Musik, Liebe und Wein
sind ihre Freude. Sie lieben die Gesellschaft der Nymphen, mit denen sie in
den Wäldern umherschweifen und lustige Reigen aufführen. Ihre Attribute sind
der Thyrsosstab, Flöten, Syringen, Weinschläuche und Trinkgefässe. Lübker
a. a. O. S. 877.

abwenden oder, unbekümmert um das, was er sagt, dem Futter
auf der Weide nachgehen. Der hierdurch ausgedrückte Sinn
ist so klar, dass er in der Tat eine Erklärung nicht erst notwendig macht.

Christus als Orpheus.

Eine von der Kunst des Urchristentums mehrfach benützte
und gleichfalls auf den persönlichen Christus bezogene Metapher
war das Bild des mythischen Orpheus [1]). Derselbe war bekanntlich ein Sängerheros der mythischen Thraker [2]). Die Macht
seines Gesanges war so gewaltig, dass er selbst Bäume und
Felsen bewegte und wilde Tiere bezähmte. Als seine Gattin
Eurydike, auf der Flucht vor Aristaios von einer Schlange ge-
bissen, starb, stieg er in den Hades hinab, um die Geliebte
wieder zu holen, und rührte durch seinen Gesang und sein Saitenspiel die Königin der Schatten so sehr, dass sie der Eurydike
gestattete, dem Gemahl zur Oberwelt zu folgen. Doch durch
ein voreiliges Umschauen des Orpheus musste sie wiederum zur
Unterwelt zurückkehren. Der Metamorphose, die später mit

---

[1]) Diepolder, der Tempelbau der vorchristlichen und christlichen Zeit.
Leipzig 1881. S. 119.

[2]) Lübker a. a. O. S. 703.

Orpheus vor sich ging und einer um 600 v. Chr. entstandenen mystischen Sekte den Namen »Orphiker« gab, nicht zu gedenken, sei nur noch erwähnt, dass in späterer Zeit fälschlicher Weise Orpheus die Abfassung von allerlei Schriften insinuiert wurde, worin manche Stellen an in der Heiligen Schrift Gelesenes erinnern. So gross und vertrauenerweckend war die Verehrung der Christen gegen Orpheus, dass nach Angabe des heiligen Augustinus er von Vielen für einen messianischen Propheten gehalten wurde, der vom Gottessohne Manches vorausgesagt und verkündigt habe. Doch was die Sage von der Macht seines Gesanges erzählt, war entschieden allein massgebend für die bei der frühchristlichen Kunst so sehr beliebten Orpheusdarstellungen. Der parallele Zug zwischen dem mythischen Orpheus und historischen Christus liegt auf flacher Hand. Von ungleich grösserer Anziehungskraft, als des thrakischen Sängers Lied und Saitenspiel, war des Weisen von Nazareth Lehre und Thun.

Was der Prophet Isaias [1] um 700 v. Chr. über die Früchte messianischen Wirkens in allegorischer Redeform vorausgesagt: »Habitabit [2] lupus cum agno et pardus cum hoedo accubabit, vitulus et leo et ovis simul morabuntur et puer parvulus minabit eos. (7) Vitulus et ursus pascentur, simul requiescent catuli eorum et leo quasi bos comedet paleas«, das trat auch in seinem ganzen Umfange ein, war das wirkliche Ergebnis von Christi Raten und Thaten.

Der Kirchengeschichtschreiber Eusebius sowie die heiligen Väter, unter ihnen namentlich Klemens von Alexandrien, lieben es, die Sage von Orpheus auf Christus anzuwenden.

Die berühmteste Orpheusszene der altchristlichen Kunst befand sich in der Katakombe der heiligen Domitilla. In der

---

[1] Is. XI, 6. 7.

[2] Für die des Hebräischen kundigen Leser zur Vergleichung des Urtextes mit der Uebersetzung des heiligen Hieronymus das Folgende:

וְגָר זְאֵב עִם־כֶּבֶשׂ וְנָמֵר עִם־גְּדִי יִרְבָּץ וְעֵגֶל וּכְפִיר וּמְרִיא יַחְדָּו

וְנַעַר קָטֹן נֹהֵג בָּם: וּפָרָה וָדֹב תִּרְעֶינָה יַחְדָּו יִרְבְּצוּ יַלְדֵיהֶן

וְאַרְיֵה כַּבָּקָר יֹאכַל־תֶּבֶן:

uns noch erhaltenen und von Bosio's Hand herrührenden Zeich-
nung sitzt in dem mittleren Achteck auf niedrigem Felsblock
mit phrygischer Mütze Orpheus, freudigen Blickes die Leier
spielend, deren Klängen auf nahem Baumzweig ein Pfau, am
Boden die wilderen Thiere horchen. Umher, in acht kleineren
viereckigen Feldern, steht Moses dem Lazarus, David dem
Daniel entgegen, dazwischen als Ausfüllung je eine Landschaft
mit Rindern und Schafen.

In weiterer Abfolge dienten der altchristlichen Kunst als
Bilder Christi aus dem Alten Testamente der die Thore Gaza's
auf seinen Schultern forttragende Samson, David mit dem in
der Schleuder ruhenden und für Goliath bestimmten Kiesel,
endlich Tobias mit dem symbolischen Fisch. Die ausübenden
Künstler des Urchristentums entsprachen mit diesen Schöpfungen
ganz und gar den Intentionen der alten Kirche, die in diesen
biblischen Individuen schon von Anfang an Christus proto-
typifiziert wissen wollte.[1]

Nach Bosio wäre auch der siebenarmige Leuchter ein Bild
Christi als der »lux mundi«. Doch bislang konnte derselbe auf
spezifisch christlichen Monumenten noch nicht entdeckt und
deshalb der christlichen Monumentaltheologie auch noch nicht
dienstbar gemacht werden. Dasselbe gilt auch von der Bundes-
lade, die in den Schriften der Väter bald mit Christus, bald
mit Maria, bald mit der Kirche, bald mit etwas Anderem in
Verbindung gebracht wird.

Ein Bild vom ägyptischen Joseph, der den Vätern allgemein als ein Vorbild Christi galt, konnte gleichfalls bislang als
Produkt der altchristlichen Kunst mit einer jede Skepsis ausschliessenden Sicherheit noch nicht entdeckt werden.

Soteriologische Bildwerke.

Unter denjenigen Medien, welche die Aufgabe haben, die
Gnadenwirkungen des Kreuzopfers zu individualisieren, die also
der subjektiven Erlösung dienen, nimmt die Eucharistie wohl

---

[1] Kraus a. a. O. S. S. 289—291.

die erste Stelle in der Monumentaltheologie des Urchristentums ein. Der populärste Typus hierfür war schon damals, wie auch jetzt noch, das Manna. Andere, die Eucharistie symbolisierende und mehrfach sich wiederholende Darstellungen sind sodann die wunderbare Brotvermehrung, die noch wunderbarere Verwand-lung des Wassers in Wein auf der Hochzeit zu Kana in Galiläa, und das von Christus sieben seiner Jünger am See Tiberias be-reitete Mahl. [1]) Wird jedoch letzteres von der altchristlichen Kunst als eucharistischer Typus verwendet, so erscheint die Kom-position entweder von dem einen oder anderen der beiden anderen biblischen Vorgänge begleitet, wie solches aus den Katakomben von S. Kallistus [2]) und einem im Jahre 1864 zu Alexandrien entdeckten, gleichfalls unterirdischen Cömeterium [3]) mit leichter Mühe nachweisbar ist. Bei der Brotvermehrung lag die typische Pointe in den Fischen. »Da der Fisch, ΙΧΘΥΣ, das Symbol Christi war, da Christus sich den Gläubigen unter der Gestalt des Brotes mitteilt, so lag nichts näher, als bei der wunder-baren Mehrung und Spendung von Broten und Fischen an die Eucharistie zu denken«. [4])

Noch ein anderer dramatischer Vorgang des Alten Bundes diente der altchristlichen Kunst als eucharistisches Symbol. Es war dieses das Opfer Isaaks. Wenn man auf den ersten Augen-blick versucht wird, darin eher das Kreuzopfer als die eucha-ristische Opferung typifiziert zu sehen, so ist allerdings diese Versuchung bei den vielen Berührungspunkten zwischen der Opferung auf Golgatha und der unterbliebenen auf Moria leicht zu begreifen und noch leichter zu entschuldigen. Wer indessen den Intentionen der Kirche gerecht werden will, wird im An-schluss an das Paulinische: Abraham »empfing ihn vom Tode zum Gleichnisse« [5]) die intendierte Opferung Isaaks auf das un-blutige Opfer des Neuen Bundes zu deuten haben.

---

[1]) Joh. 21, 1—9.
[2]) Kraus a. a. O. S. 317.
[3]) Ebend. S. 251.
[4]) Ebend. S. 316.
[5]) Hebr. 11, 17—19.

4*

Mit der Symbolik sämmtlicher Bilder befanden sich die
Vertreter der altchristlichen Kunst im vollsten Einverständnisse
mit der theologischen Literatur ihrer Zeit.
Wenn in einem Cubiculum von S. Luzina ein im Wasser
schwimmender Fisch einen Korb mit Broten und einem Gläschen
roten Wein auf seinem Rücken trägt, [1] wenn ferner in derselben Katakombe oder in jenen von S. Domitilla oder in
S. Pietro e Marcellino Lämmer mit dem Milcheimer sich zeigen,
so sind das natürlich wiederum Symbole der Eucharistie. Für
die Erklärung des Lammes mit dem Milcheimer als eucharistischen Symbols treten die Akten der heiligen Perpetua ein,
jenes Symbol dagegen introduziert als eucharistisches eine Stelle
bei Hieronymus [2]), welche also lautet: »Niemand kann reicher
sein als derjenige, welcher Christi Leib in seinem geflochtenen
Korbe, sein Blut in einem gläsernen Kelche bei sich trägt«.

Die auf einem Sarkophagdeckel im Lateranmuseum befind-
lichen drei Schafe, wovon jedes einen runden Kranz im Maule
hält, wurden früher von Kraus [3]) gleichfalls auf die Eucharistie
bezogen, doch seit neuester Zeit thut er dies nicht mehr, sondern schliesst sich de Waal an, der in den runden Kränzen
nicht eucharistische Brote, die in altchristlicher Zeit allerdings
vielfach wie eine Corona geformt waren, sondern Siegeskränze
der Christen erblickt und für die Richtigkeit seiner Ansicht
sich auf von alten Mosaiken dargebotene Analogieen beruft.

Dass Kirche und Kunst des Urchristentums an ihrem symbolischen Denken sich allzeit erkannten, und darin stets wiederum
fanden, geht wohl in der offenkundigsten Weise aus zwei sehr
alten Epitaphien hervor, über deren gewisse Entstehungszeit
allerdings noch »sub judice lis est«. Nach dem gegenwärtigen
Stand der archäologischen Forschung dürften sie indessen kaum
vor Ausgang des dritten Jahrhunderts entstanden sein. Das
eine dieser beiden epigraphischen Monumente ist in der Kunstgeschichte bekannt unter dem Namen »Epitaphium des Aber-

---

[1]) Kraus a. a. O. S. 253.
[2]) Hieron. ep. 125 al. 4. ad. Rustic. I. 1085. ed. Migne.
[3]) A. a. O. S. 359.

zius«, gewesenen Bischofs von Hierapolis in Phrygien, das andere
als »Epitaphium von Autun«. Der darauf gesetzte Text stellt sich
nach Kraus mit seinen meistens von P. Secchi und Fr. Lenor-
mant herrührenden und hier durch Klammern angedeuteten Er-
gänzungen dar, wie folgt:

Epitaphium des Aberzius.

ΠΙΣΤΙΣ ΔΕ ΠΡΟΗΓΕ
ΚΑΙ ΠΑΡΕΘΗΚΕ ΤΡΟΦΗΝ ΙΧΘΥΝ ΤΕ ΜΙΗΣ ΑΠΟ
ΠΗΓΗΣ
ΠΑΜΜΕΓΕΘΗ ΚΑΘΑΡΟΝ ΟΝ ΕΔΡΑΞΑΤΟ ΠΑΡΘΕΝΟΣ
ΑΓΝΗ
ΚΑΙ ΤΟΥΤΟΝ ΠΑΡΕΔΩΚΕ ΦΙΛΟΙΣ ΕΣΘΕΙΝ ΔΙΑ ΠΑΝ-
ΤΟΣ
ΟΙΝΟΝ ΧΡΗΣΤΟΝ ΕΧΟΥΣΑ ΚΕΡΑΣ ΜΑ ΔΙΔΟΥΣΑ ΜΕΤ
ΑΡΤΟΥ

. . . .
ΤΑΥΘ Ο ΝΟΩΝ ΕΥΞΑΙΤΟ ΥΠΕΡ ΜΟΥ ΠΑΣ Ο ΣΥΝΩ-
ΔΟΣ.[1]

Epitaphium von Autun.

ΙΧΘΥΟΣ Ο[ΥΡΑΝΙΟΥ ΘΕ]ΙΟΝ ΓΕΝΟΣ ΗΤΟΡΙ ΣΕΜΝΩ
ΧΡΗΣΕ ΛΑΒΩ[Ν ΖΩΗ]Ν ΑΜΒΡΟΤΟΝ ΕΝ ΒΡΟΤΕΟΙΣ
ΘΕΣΠΕΣΙΩΝ ΥΔΑ [ΤΩ]Ν ΤΗΝ ΣΗΝ ΦΙΛΕ ΘΑΛΠΕΟ
ΨΥΧΗΝ
ΥΔΑΣΙΝ ΑΕΝΑΟΙΣ ΠΛΟΥΤΟ ΔΟΤΟΥ ΣΟΦΙΗΣ
ΣΩΤΗΡΟΣ [Δ]ΑΓΙΩΝ ΜΕΛΙΗΔΕΑ ΛΑΜΒΑ[ΝΕ ΒΡΩΣΙΝ]
ΕΣΘΙΕ ΠΙΝ[ΑΩΝ] ΙΧΘΥΝ ΕΧΩΝ ΠΑΛΑΜΑΙΣ
ΙΧ[ΘΥ]Χ[ΑΡΙΖΟΝ] ΜΑΡΑ ΔΙΑΔΙΩ ΔΕΣΠΟΤΑ ΣΩΤ[ΕΡ]
ΕΥ ΕΥΔΟ[Ι ΜΗ]ΤΗΡ ΣΕ ΛΙΤΑΖΟΜΕ ΦΩΣ ΤΟ ΘΑ-
ΝΟΝΤΩΝ
ΑΣΧΑΝΔ[ΕΙΕ ΠΑ]ΤΕΡ ΤΩΜΩ ΚΕ[ΧΑ]ΡΙΣ ΜΕΝΕ ΘΥΜΩ

---

[1] »\Ueberall hatte ich meine Genossen im Gottesdienste): der Glaube
brachte hervor und setzte jedem Einzelnen eine Speise dar, den Fisch aus derselben Quelle, den übergrossen, unbefleckten Fisch, den die makellose Jungfrau
ergriffen und ihren Freunden ganz zum Essen hingegeben hatte; und dieselbe
gab ihnen guten gemischten Wein mit Brot. . . . Jeder, der mit ihr gleichen
Glaubens ist, wird, wenn er dies liest, für mich beten«.

ΣYN M[ΗTΡΙ ΓΛΥΚΕΡΗ ΣΥN TOIKΕIOΙΣIN ΕMOIΣIN
IΧΘΥOΣ ΕIΡΗΝΗ ΣΕOΙΜΝΗΣΕO ΠΕΚTOΡIOIO.

Wie für die Eucharistie, so hatte die urchristliche Kunst
auch für die Taufe mehrere Bilder. Als solche figurierten an
erster Stelle die Noachische Arche, der Durchgang durch das
rote Meer [1]), der an den Felsen schlagende Moses, endlich nach
Kraus mit Zugrundelegung von Tertullian's Schrift »de pudi-
citia« auch die wunderbare Heilung im Schafteiche von Bethsaida, während wiederum nach Andern dieser biblische Vorgang mit der Heilung des Gichtbrüchigen identifiziert und dann
auf die Busse bezogen wird.

Die Arche Noah's, als Bild der christlichen Taufe, ist bereits im 1 Petr. 3,20. 21. insinuiert wie inauguriert, kein Wunder, wenn ihr deshalb von der altchristlichen Kunst der Vorzug
vor allen anderen Taufsymbolen gegeben wird. Wir verweisen
die Leser zur Eruierung des tertium comparationis auf den
angezogenen petrinischen Text sowie auf dessen zutreffende
Kommentierung bei Tertullian [2]).

Für den an den Felsen schlagenden Moses als Vorbild der
Taufe verwenden sich Tertullian [3]) und in fast noch höherem
Grade der heilige Cyprian [4]). Ueber den richtigen Sinn all dieser
Symbole äusserte sich zu keiner Zeit irgendwelche Meinungs-
differenz.

Gross dagegen war die Streitlust unter den fachmännisch
gebildeten Kunstkritikern, als es galt, zu entscheiden, ob jene
altchristliche Darstellung, worin die einen bald den wunderbaren
Vorgang am Schafteich von Bethsaida, die Andern bald die
Heilung des Gichtbrüchigen erblickten, gleichfalls ein Bild der
Taufe oder von etwas Anderem, etwa der Busse, wäre. Je
nachdem die hier spielende Identitätsfrage so oder anders ge-
löst wurde, sah man in dieser Komposition bald ein Bild der

---

[1]) August. Serm. CCCLII : »Per mare transitus baptismus est«. Cfr. 1
Cor. 10, 2.

[2]) De baptism. c. 8.

[3]) L. c. cap. 9.

[4]) Epist. ad Caecil. LXIII. ed. Fell. Pamel. et Baluz.

Busse, bald ein Symbol der Taufe. Eine solche viel umstrittene
Darstellung findet sich auch in einem jener Cubicula, welche
unmittelbar an die Papstgruft stossen, und wovon einige wegen
ihrer zahlreichen liturgischen Gemälde den Namen Sakramentskapellen führen. Gegen P. Marchi, der in dieser Komposition
die Heilung des Gichtbrüchigen sieht, und sie deshalb für ein
Symbol des Busssakramentes ausgibt, behauptet de Rossi, es
handle sich hier um die Geschichte mit der wunderbaren Heilung
am Schafteich zu Bethsaida und sonach nicht um ein Symbol
der Busse, sondern der Taufe. In der That stimmt diese Erklärung auch mit dem überein, was Tertullian [1]) und nach ihm
der heilige Optatus von Mileve [2]) mit diesem Vorgang am Schafteich in ihren Schriften auseinandersetzen wollen.

Hier muss mit wenigen Worten noch einer Darstellung
gedacht werden, die gleichfalls in einer sogenannten Sakraments-
kapelle sich befindet und die abendländische Praxis, die Taufe
per aspersionem zu erteilen, gegen die Insinuationen der By-
zantiner, welche den Eintritt der baptismalen Wirkungen von
der immersio abhängig machen, gleichsam anticipando und in
Vorausahnung des leider Eingetretenen in Schutz nimmt.

Auf einem grösseren, aus mehreren Pieçen sich zusammen-
fügenden Tableau bemerken wir einen scheinbar lebendigen
Fels, dem ein Fischer und darauf ein Taufender folgen. Die
Spendung der Taufe ist nun so dargestellt, dass ein Mann seine
Rechte auf das Haupt eines Knaben legt, der kaum bis zum
Knie in's Wasser getreten ist. Ueber den Kopf des Täuflings
gehen reichliche Wasserstrahlen hin.

Das hohe Alter der aspersio baptismalis, die allerdings in
ihrer Anwendung oft sehr modifiziert war, bezeugen uns auch
die kallistinischen Bilder, und sind mit der obigen Komposition
wohl die beste Antwort auf jene byzantinische Eigenheit und
die beste Waffe gegen das hiermit den Abendländern zugefügte
Unrecht.

Von den anderen fünf Sakramenten hat in der urchristlichen Kunst nur noch die Ordination eine Darstellung erhalten.

---

[1]) De bapt. c. 4.
[2]) De schism. Donat. II. 6.

Auf einem reliefierten Arkosolium im Cömeterium des Hermes
bemerken wir eine Kathedra, worauf ein Bischof sitzt, der seine
rechte Hand auf das Haupt eines vor ihm stehenden Jünglings
legt, während er mit seiner linken ein aufgeschlagenes Buch
hält. Gleichzeitig bemerkt man auch zwei dem Bischof ähnlich
gekleidete Männer, mutmaslich assistierende Priester[1]).

Warum die vier übrigen Sakramente leer ausgegangen
sind, und nicht einmal die Busse, das in gegenwärtiger Zeit
neben der Eucharistie weitaus populärste und, möchte ich sagen,
fast notwendigste Sakrament, irgendwelche sie ganz sicher ver-
ratende Darstellung[2]) gefunden hat, diese immerhin auffallende
und zu denken gebende Erscheinung in der altchristlichen Kunstgeschichte dürfte für Busse und letzte Oelung darin ihre Erklärung finden, dass die ersten Bekenner des Christentums nur
selten in die Lage kamen, den Empfang dieser beiden Sakramente betätigen zu müssen. Entweder waren sie noch nicht
getauft, d. h., verschoben geflissentlich ihre Taufe bis auf's
Ende ihrer Tage[3]), oder sie waren bereits mit dem Wasser des
Lebens übergossen, hatten aber hierbei einen so lebendigen,
vom lauteren Gold christlicher Liebe getragenen Glauben, dass
dieser sie fast gegen jede Sünde schützte, und sonach der Empfang des Busssakramentes für die massa christianorum hinwegfiel,
während das Martyrium dem Sakrament der Krankensalbung
zumeist seine praktische Bedeutung benahm. Die gleichzeitige
Ignorierung der Firmung durch die urchristliche Kunst erklärt
sich aus jener altkirchlichen Praxis, wonach dieses Sakrament
stets nur unmittelbar im Anschlusse an die Taufe gespendet

---

[1]) Kraus a. a. O. S. 327.

[2]) Siehe oben Seite 54.

[3]) Eine Darstellung persönlicher Verschuldung und dadurch notwendig gewordener, abermaliger Busse als eines Zwischenaktes zwischen Taufe und Eucharistie entspricht zudem dem Geiste und der Praxis der alten Christen ganz und
gar nicht. Mit grosser Sorge bemühte man sich in der alten Kirche, die Un-
schuld des Taufkleides zu bewahren; darauf ging der stete Gedanke der Bischöfe
und Hirten, die darum gar nicht bedacht waren, das nach dem Rückfalle dem
Schiffbrüchigen noch übrig bleibende zweite Brett der Rettung besonders nahe
zu legen. Kraus a. a. O. S. 313.

wurde, um beide Handlungen gleichsam als Eine erscheinen zu
lassen, während die vorwaltende Begeisterung der ersten Christen
für den Stand der Virginität die ausübenden Künstler ganz und
gar auf die E h e [1]) vergessen liess.

Ausser den heiligen Sakramenten ist noch ein anderes, gleichfalls der subjektiven Erlösung dienendes, sozusagen internationales
Institut in der Kunst des christlichen Altertums zu einer Darstellung gekommen. Es ist dies die K i r c h e, in der nach dem
schönen Worte ·Cyprians Jeder, der Gott zum Vater haben
will, ·seine Mutter sehen muss. Wegen der innigen Beziehung,
in welcher Maria zu Christus und durch ihn zur Kirche[2]), die
er seine auserwählte Braut nennt, steht, werden Maria und Kirche
von der altchristlichen Kunst unter dem gleichen Bilde dargestellt. Dieses Symbol ist ein betendes Weib. Ob in einem
gegebenen Fall darunter Maria oder die Kirche zu verstehen
ist, wird jedesmal der Kontext des Bildes mit den anderen auf
demselben Tableau situierten Gemälden oder die Akzessorien
der Orans erraten lassen.

Auch das Schiff[3]) ist für die ersten Christen ein konven-
tionelles Bild ihrer Kirche. Die in den Katakomben aufgefundenen Kunstgegenstände, darunter vorzugsweise die Lampen,
haben vielfach die Gestalt eines Schiffes[4]).

Eschatologische Bildwerke.

Die Eschatologie ist in der altchristlichen Kunst vertreten
durch Bilder der A u f e r s t e h u n g. Ihr numerisches Verhältnis
kommt dem der eucharistischen Symbole, mit deren Idee das
Dogma der Auferstehung allerdings in einem logischen Zu-
sammenhange steht, nahezu gleich, wenn es dasselbe nicht
gar überholt. Die christliche Idee der Totenauferstehung tritt
uns vor allem in dem Bildnisse des Propheten Jonas entgegen.

---

[1]) Nach Kraus a. a. O. S. 332 sollen indessen auf in den Katakomben
gefundenen Goldgläsern christliche (?) Trauungsszenen erkannt worden sein.
[2]) Vgl. hiermit Apoc. 12, 1—5.
[3]) Kraus a. a. O. S. 265.
[4]) Ebend. S. 499.

Diese Komposition läuft durch ihr frequentes Vorkommen allen anderen, denselben Gegenstand veranschaulichenden Szenen den Rang ab. Von den bildlichen Szenen der Roma Sotterranea, welche die Aufgabe haben, die Geschichte des Sittenpredigers von Niniveh in ihren verschiedenen typischen Beziehungen zu illustriren, dürfen indessen nach Seite 40 mit 41 nur jene als Symbole der Auferstehung erachtet werden, durch welche jener Moment zur Darstellung kommt, in welchem Jonas von einem fischartigen Meerungeheuer an's Land gespieen wird.

Die drei babylonischen Jünglinge, sowie Daniel, deren gleichfalls bereits oben gedacht wurde, finden auch hier wiederum für die christliche Auferstehungsidee eine typische Verwendung. Diese biblischen Individuen und mit ihnen Jonas sowie Mariens und Martha's Bruder, der von Christus beweinte und wiederum in's Leben gerufene Lazarus, welcher der altchristlichen Kunst gleichfalls, jedoch niemals ohne Verbindung mit eucharistischen Sinnbildern, als Auferstehungssymbol dient, werden bereits von dem Verfasser der apostolischen Konstitutionen[1] mit der allgemeinen, am Ende der Tage eintretenden Totenauferstehung in Zusammenhang gebracht. »Er ist es[2], welcher den vor vier Tagen gestorbenen Lazarus und die Tochter des Jairus und den Sohn der Wittwe vom Tode erweckt hat, der sich selbst nach der Anordnung des Vaters am dritten Tage wiederum erhob als das Angeld unserer Auferstehung; denn so spricht er: »Ich bin die Auferstehung und das Leben«. Der, welcher den Jonas nach drei Tagen lebendig und unversehrt aus dem Bauche des Meerfisches herausgezogen und die drei Knaben aus dem Feuerofen zu Babylon und den Daniel aus dem Rachen des Löwen, wird nicht der Kraft ermangeln, auch uns wieder aufzuerwecken«.

Nicht blos um das allerdings für uns noch in unbekannter Zukunft liegende Faktum der Auferstehung[3], sondern auch die

---

[1] Lib. V. c. 7.

[2] Die sogenanten »Apostolischen Konstitutionen und Kanonen« aus dem Urtexte übersetzt von Dr. Ferd. Boxler. Kempten 1874. S. 152.

[3] Iren. adv. haer. lib. V. c. 5,2. Tertull. de resurr.

Identität des Auferstehungsleibes zu symbolisieren, griff
man teilweise zur Wahl dieser biblischen Vorgänge. Dieses scheint
wenigstens aus einer Stelle bei Irenäus [1]) hervorzugehen, von
dem die Identitätsfrage dieses Dogmas in eingehender Weise
erörtert wird. »Sagen sollen uns die Widersprechenden [2]), d. h.
sich selbst das Heil Absprechenden: die gestorbene Tochter
des Oberpriesters [3]), der Sohn der Wittwe, welcher tot zum
Thore hinausgetragen wurde [4]), und Lazarus, der schon vier
Tage im Grabe lag [5]), in welchen Leibern sie auferstanden
seien? In denen gewiss, in welchen sie auch gestorben waren.
Denn wenn nicht in den nämlichen, dann sind natürlich auch
nicht die nämlichen, die tot waren, auferstanden. Allein es
ergriff ja (heisst es) der Herr die Hand des Toten und sprach
dazu: Jüngling, ich sage dir, steh' auf! Und der Tote sass
auf, und er liess ihm zu essen reichen und gab ihn seiner Mutter.
Und den Lazarus rief er mit lauter Stimme, indem er sprach:
Lazarus, komm' heraus! Und herauskam (heisst es) der Gestorbene, umwickelt an Füssen und Händen mit Tüchern. Das
ist ein Symbol des Menschen, der verwickelt war in Sünden.
Und darum sprach der Herr: Macht ihn los und lasst ihn gehen.
Wie also die Geheilten an den vorher leidend gewesenen Gliedern
geheilt wurden und die Toten in den nämlichen Leibern auferstanden und ihre Glieder und Leiber Heilung und Leben er-
hielten als Geschenk von dem Herrn, der durch das Zeitliche
das Ewige vorbildete und zeigte, dass er es ist, der seinem
Gebilde sowohl Heilung als Leben verleihen kann, damit auch
seine Rede von der Auferstehung geglaubt würde: so werden
auch am Ende, wenn der Herr mit der letzten Posaune [6]) ruft,
auferstehen die Toten, wie er selbst sagt [7]): Es wird kommen

---

[1]) L. c. lib. V. c. 13, 1.

[2]) Ausgewählte Schriften des heiligen Irenäus nach dem Urtexte übersetzt
von Dr. Heinrich Hayd. Kempten 1873. II. Bd. S. S. 279. 280.

[3]) Mark. 5, 22.

[4]) Luk. 7, 12.

[5]) Joh. 11, 39.

[6]) 1 Kor. 15, 52.

[7]) Joh. 5, 18.

die Stunde, wo alle Toten, die in den Gräbern sind, hören
werden die Stimme des Menschensohnes und hervorgehen, die
Gutes gethan haben, zur Auferstehung des Lebens, und die Böses
gewirkt haben, zur Auferstehung des Gerichtes«.

Sehr geläufig und bekannt[1]) war den ersten Christen auch
die Vision des Ezechiel, welche in drastischer Weise die Re-
konstruktion des Auferstehungsleibes schildert. Wenn deshalb
die ausübenden Künstler des Urchristentums diese Materie
gleichfalls in den Kreis ihrer himmlischen Beschäftigungen zogen,
so folgten sie hiermit nur dem innersten Zuge ihres Herzens.
Für diejenigen unserer geehrten Leser, welche in theologicis
nur wenig bewandert sind, auf diesem Gebiete mehr die Rolle
von Dilettanten als die wirklicher Kenner spielen, lassen wir
den biblischen Bericht über diese immerhin ganz merkwürdige
Vision folgen:

»Und es kam«, sagt Ezechiel[2]), »die Hand des Herrn über
mich, und es führte mich der Herr im Geiste hinaus und stellte
mich in die Mitte eines Feldes. Dasselbe war mit Gebeinen
angefüllt und er führte mich über sie im Kreise herum, und
siehe, es waren ihrer viele auf der Oberfläche des Feldes, und
sie waren dürre genug. Und er sprach zu mir: Menschensohn,
ob diese Gebeine wohl leben werden? Und ich sagte: Adonai,
Herr, du weisst es. Und er sprach zu mir: Weissage über
diese Gebeine und sprich: Dürres Gebein, höre die Stimme des
Herrn! So spricht der Herr Adonai zu diesen Gebeinen: Siehe,
ich will Geist in euch bringen und ihr werdet leben; ich will
Geist in euch geben und euch in Leiber zurückführen, euch mit
Haut umgeben und Geist in euch geben und ihr werdet leben
und erkennen, dass ich der Herr bin. Und ich weissagte nach
seinem Gebot. Und siehe, es war ein Geräusch, während ich
weissagte, und eine Bewegung, und Gebein näherte sich Gebein.
Und ich schaute, und siehe, die Gebeine überzogen sich mit
Sehnen; Fleisch und Haut bildete sich darüber und Geist war

---

[1]) Famosa est visio et omnium ecclesiarum lectione celebrata. Hieron.
in Ezech. c. 37.

[2]) Cap. 37, 1—14.

noch nicht in ihnen. Und er sprach zu mir: Menschensohn,
Prophet, weissage zum Geiste und sage zum Geiste: So spricht
der Herr Adonai: Komm Geist von den vier Winden und wehe
in den Toten, und sie werden leben. Und ich weissagte zum
Geiste, wie er mir vorgeschrieben hatte. Da kehrte der Geist
in sie ein und sie lebten und standen auf ihren Füssen, stark
und gross genug. Und er sprach zu mir: Menschensohn, es ist
das ganze Haus Israel, diese Gebeine. Sie sprachen: Unsere
Gebeine sind verdorret, unsere Hoffnung ist zu Grunde gegangen,
wir sind abgeschnittene (Zweige) in ihnen. Deshalb prophezeie
ihnen: Siehe, ich werde euere Gräber öffnen und euch heraus-
führen aus eueren Gräbern als mein Volk und euch führen in
das Land Israel, und ihr werdet erkennen, dass ich, der Herr,
euere Gräber geöffnet und euch herausgeführt habe aus eueren
Gräbern, mein Volk; und ich will euch den Geist geben, und
ihr werdet leben und ruhen in euerem Lande und erkennen,
dass ich, der Herr, geredet und es gethan habe, spricht der
Herr.«

Tertullian, der diese biblische Partie gleichfalls in seine
Abhandlung »de resurrectione« [1]) aufgenommen hat, polemisiert
in den zwei unmittelbar darauffolgenden Kapiteln [2]) gegen die
von den Häretikern ausgehende, allegorische Verflüchtigung
dieses prophetischen Gesichtes und dessen Deutung auf die
Retablierung des jüdischen Staates.

Zur Typifikation der Auferstehung benützte die Kunst des
christlichen Altertums endlich auch die Geschichte mit Job.
Namentlich waren es seine Worte: »Ich weiss, dass mein Erlöser lebt und dass ich am jüngsten Tage auferstehen und,
wiederum mit dieser Haut umgeben, meinen Gott in meinem
Fleische sehen werde; diese Hoffnung ruht in meinem Busen« [3]),
die auf altchristlichen Grabmonumenten so und so oft wieder-
kehren. Als figuralen Schmuck treffen wir die biblische Job-
siade [4]) auf Gemälden wie auf reliefierten Monumenten an, und

---

[1]) Cap. 29.
[2]) C. c. 30. 31.
[3]) Job 19, 23.
[4]) Job 2, 8—13.

dann sitzt Job entweder auf einem Misthaufen oder, wie das
Relief am Sarkophag des Junius Bassus, dessen Entstehung in
das Jahr 359 fällt, deutlich sehen lässt, auf einem Aschenhaufen,
je nachdem die ausführenden Künstler bei ihren Arbeiten mehr
an den Text der Septuaginta und Vulgata [1]) oder an den hebräischen Wortlaut[2]) sich anschlossen.[3])

Bedeutungsvoll für den christlichen Auferstehungsglauben
sind auch manche auf Verschlusssteinen christlicher Gräber sich
vorfindenden Inschriften. Den Aufenthalt der Christen in den
Gräbern nennen sie nicht mors, sondern dormitio = Schlaf.
DORMIT IN PACE, — IN SOMNO PACIS, — HIC PAVSAT
— HIC QVIESCIT ist die altchristliche Gräbersprache. Deut-
licher, als in diesen, tritt die Auferstehungsidee der Christen in
einer von de Rossi [4]) publizierten Inschrift hervor. Sie lautet:

HIC. IN. PACE. REQVIESCET. LAVRENTIA. L. F.
QVAE. CREDIDIT
RESVRRECTIONEM.

Den christlichen Glauben an ein Fegfeuer verkünden
viele der auf die Gräber gesetzten Inschriften, wie: *MNHCΘΉΤΙ*
KYPIE THC KOIMHCEΩC THC ΔOYΛHC COY, ANA-
ΠΛYCON THN ΨYΧHN TΩY ΛOYΛOY COY EN TΩI
ΦΩΤINΩI EN TΩI ANAΦYΧEΩC EIC KOΛΠON
ABPAAM; oder wie in Latium: DOMINE NEQANDO
ADVMBRETVR SPIRITVS.

Hagiologische Bildwerke.

Es wurde oben (S. 57) gesagt, dass die Orans von der
altchristlichen Kunst sozusagen promiscue genommen wurde,
nach ihrer Intention bald als Bild der Kirche, bald als mariani-
sches Symbol zu gelten habe. Es wird hier nun zunächst unsere
Aufgabe sein, festzustellen, in welchen Fällen hinter der Orans
ein Bild Mariens zu suchen ist. Doch die Lösung dieses Problems

---

[1]) Sedens (sc. erat) in sterquilinio. Job. 2, 8.

[2]) ‏הוּא יֹשֵׁב בְּתוֹךְ־הָאֵפֶר‎:

[3]) Kraus a. a. O. S. S. 288. 289. 364.

[4]) Inscr. christ. I. n. 401.

hat ihre Schwierigkeiten. Selbst die gewiegtesten unter den
Kunstkritikern vermögen nicht immer mit einer allen vernünf-
tigen Zweifel ausschliessenden Sicherheit über die symbolische
Richtung der Orans eine definitive Entscheidung zu treffen,
uns zu sagen, ob in einem gegebenen Falle wir es mit einem
Symbol der Mutter Christi oder mit einem Bilde seiner mystischen Braut zu thun haben. Dieses gilt im Allgemeinen von
all jenen christlichen Kunsterzeugnissen, in denen die Orans
ohne Kind dargestellt ist. So können beispielsweise die zwischen zwei Lämmern stehende Orans auf einem Grabsteine aus
S. Kallisto und jene auf einem Deckengemälde aus S. Luzina
mit dem guten Hirten abwechselnden Oranten sowohl ein
Bild Mariens wie der Kirche vorstellen. Diese Unentschiedenheit
und Unsicherheit des Urteils über die symbolische Färbung der
Orans fällt natürlich hinweg bei all denjenigen Kompositionen,
in denen die Orans, von dem Jesuskinde begleitet, zur Darstellung gelangt. Dieses trifft zu bei einem Fresko in der sogenannten Katakombe von S. Agnese, wo in der Lunette eines
Arkosoliums vor dem Busen eines entschleierten Weibes, die
ihre Hände zum Gebete ausgestreckt hält, das Jesuskind domi-
ziliert, und bei denjenigen zahlreichen Darstellungen, welche
uns die Adoration des Jesuskindes durch die Magier vor Augen
führen. In all diesen Fällen wird das betende, beziehungsweise
sitzende Weib nur als Symbol Mariens zu interpretieren sein.

Kraus gedenkt auf Seite 304 seines wahrhaft klassischen,
mit einer fast unerreichbaren Klarheit und dazu mit aller Ob-
jektivität geschriebenen Werkes noch einer für jene Zeit ganz
eigenartigen Madonnadarstellung, deren Entdeckung in der
Wölbung eines sogenannten Loculus (= Grabnische) zu S. Priszilla im Jahre 1851 gemacht wurde. Die Komposition ist nach
ihrer Gemäldeart ein Fresko, und zeigt folgendes Arrangement:
»Die seligste Jungfrau erscheint in sitzender Stellung; ihr Haupt
ist mit einem leichten und hellen Schleier halb umhüllt, in
ihren Armen hält sie das Jesuskindlein. Ihr gegenüber steht
ein in das Pallium gekleideter Mann, der in der Linken eine
Buchrolle hält, und mit der Rechten auf einen Stern weist, der
über und zwischen zwei Gestalten am Himmel erglänzt«. Im

Zusammenhalte mit dem von dem Jesuiten Garrucci, dem wir
so manche schätzenswerte Notiz über die in den Katakomben
aufgefundenen Goldgläser zu verdanken haben, publizierten
Bruchstücke eines solchen Goldglases darf diese Person weder
als der heilige Joseph, noch als einer der drei Magier, sondern
nur als der Prophet Isaias gedeutet werden. Die Buchrolle
verrät nur einen Propheten, und wegen des demselben beigegebenen Sternes kann dieses nur wiederum Isaias sein, der
mehr als einmal [1]) das kommende Licht Israels vorher verkündigt hat.

Mit den Darstellungen der jungfräulichen Mutter Christi
konkurrieren die Bilder der Apostelfürsten Petrus und Paulus,
deren Verehrung den ersten Christen Roms über Alles ging,
und die sich, nach am Feste dieser beiden Heiligen zu Rom
gemachten Wahrnehmungen zu schliessen, auch bei den gegenwärtigen Christen Roms mehr, als anderswo, noch erhalten zu
haben scheint. Wir finden ihre Bildnisse als Gemälde auf den
Goldgläsern und als Reliefs auf Sarkophagen und einem Bronze-
medaillon, dessen Darstellung die älteste dieser Art sein dürfte.
Auch ein statuarisches Bild vom heiligen Petrus, vermutlich aus
dem dritten Jahrhundert, hat sich bis heute noch erhalten. Es ist
dieses die berühmte Erzstatue des heiligen Petrus in der Kirche
gleichen Namens. Die Tradition des Typus, in dem noch gegenwärtigen Tags Petrus und Paulus von der christlichen Kunst
dargestellt werden, stammt bis auf das Arrangement der Haare,
wobei eine konstante Verwechslung stattzufinden scheint, aus
der Zeit des Urchristentums. In der Regel erscheint Petrus an
seinem Vorder- und Hinterhaupt mit allerdings nur kurzen und
dazu noch gekräuselten Haaren. Sein Bart ist gleichfalls sehr

---

[1]) Populus, qui ambulabat in tenebris, vidit lucem magnam: habitanti-
bus in regione umbrae mortis, lux orta est eis. Is. IX, 2. — Quia ecce tene-
brae operient terram et caligo populos: super te autem orietur dominus et
gloria ejus in te videbitur. Et ambulabunt gentes in lumine tuo et reges in
splendore ortus tui. Ibid. LX, 2. 3. — Non erit tibi amplius sol ad lu-
cendum per diem nec splendor lunae illuminabit te, sed erit tibi dominus in
ucem sempiternam et deus tuus in gloriam tuam. Ibid. LX, 19. Cfr. Apoc.
XXI, 11. 23. 24.

gekürzt und, wie die Haare, kraus. Der Kopf des Paulus, meistens in höherem Grade individualisierend, als bei Petrus, ist dagegen zu fast zwei Drittteilen ganz ohne Haare. Der Rest richtet sich im Schnitte nach den Haaren Petri, während der Bart sehr lang und voll gehalten ist. Bei für so kleine Verhältnisse auffallend grossem Flächeninhalt hat die Nase ganz und gar das griechische Profil, während Petrus mit seiner stumpfen Nase mehr der sogenannten Adlernase ähnelt. Auch hierin scheint die christliche Kunst der Gegenwart vielfach die Tradition verloren zu haben oder nicht mehr kennen zu wollen. Die Art und Weise, wie die Kunst des christlichen Altertums die beiden Apostelfürsten bildlich wieder zu geben suchte, war nicht etwa das Ergebnis höchster Willkür unterworfener Konvention, sondern stimmte ganz genau überein mit der bei Nizephorus [1]) (gest. um 1341) über ihre Physiognomie auch uns noch erhaltenen Tradition.

Es ist Zeit, an dieser Stelle noch einer Erscheinung zu gedenken, welche seit den Tagen des heiligen Petrus Damiani viel von sich sprechen machte, und mehrfach benützt wurde, um gegen den Primat Petri zu argumentieren. Es ist dieses die relative Stellung der beiden Apostel Petrus und Paulus auf den alten Kunstwerken. Man sollte erwarten, dass, wo von der altchristlichen Kunst Petrus und Paulus zusammen abgebildet werden, dem Petrus als dem Vornehmsten und Haupt der Apostel jederzeit auch der Ehrenplatz der rechten Seite eingeräumt würde. Das trifft nun nicht immer zu, sondern

---

[1]) Πέτρος τὴν ἡλικίαν μέτριος ἦν · ἐπὶ τὸ ὄρθιον ἔχων αὐτὴν ἀναβαίνουσαν · ὕπωχρος δὲ τὴν ὄψιν καὶ μάλα λευκός · οὖλος τὰς τρίχας τῆς κεφαλῆς καὶ τοῦ πώγωνος καὶ δασύς · οὐ μὴν καὶ καθειμένας ἔχων αὐτάς · ὑφαίμους ὥσπερ καὶ οἰνωποὺς προβάλλων τοὺς ὀφθαλμοὺς ἀνεσπακὼς τὰς ὀφρῦς · καὶ ῥῖνα, μικρὰν μὲν, οὐ μὴν δὲ καὶ εἰς ὀξὺ καταλήγουσαν, ἀλλ' ὡσανεὶ σιμὴν κεκτημένος. Ὁ δέ γε Παῦλος μικρὸς ἦν καὶ συνεσταλμένος τὸ τοῦ σώματος μέγεθος · καὶ ὥσπερ ἀγκύλον αὐτὸ κεκτημένος · σμικρὸν καὶ κεκυφώς · τὴν ὄψιν λευκός, καὶ τὸ πρόσωπον προφερής · κάτω δὲ καὶ τὰς ὀφρῦς εἶχε νευούσας · εὐκαμπῆ καὶ ῥέπουσαν ὅλῳ τῷ προσώπῳ περιφέρων τὴν ῥῖνα. Τὴν ὑπήνην δασεῖαν καὶ καθειμένην ἀρχούντως ἔχων · ῥαινομένην δὲ ταύτην καὶ τὴν κεφαλὴν ὑπὸ πολιαῖς ταῖς θριξίν. Niceph. Call. Hist. eccl. II. 37. ed. Front. Duc. I 195 sq.

die Kunst des christlichen Altertums ist in diesem Stücke, wie
es scheint, höchst launenhaft. In sehr vielen Abbildungen mit
den beiden Apostelfürsten befindet sich nicht Petrus, sondern
Paulus zur Rechten und in Ermanglung von Paulus oft auch
eine andere der Komposition beigefügte Person. Doch all diese
Fälle beweisen Nichts gegen den Primat Petri, weil sie eigentlich zu viel beweisen. »Qui autem nimium probat, nihil probat.«
Ohne irgendwelche Intention zu verfolgen, hat die altchristliche
Kunst bald Petrus, bald Paulus den Ehrenplatz eingeräumt.
Diese Indifferenz der Gesinnung entgeht uns auch bei anderen
Darstellungen nicht. So erblicken wir die Muttergottes zur Lin-
ken der heiligen Agnes, bei Vorführung häuslicher Szenen die
Frau oft zur Rechten ihres Mannes, ja selbst Christus ist von
der alten Kunst nicht immer der Ehrenplatz zugestanden. Wenn
ferner auf einigen Goldgläsern weder dem einen noch dem andern der beiden Apostel, sondern — man staune — weiblichen
Wesen, welche mit über die Apostel ausgestreckten Händen
für diese sogar zu beten scheinen, die Ehre zu Teil geworden
ist, so beweist auch dieses Nichts gegen ihre primären Rechte.
Entweder ist das Arrangement solcher Kompositionen von in-
dividueller Begeisterung diktiert, oder man interpretiert mit
Palmer die beiden apostolischen Auktoritäten als Symbole der
römischen Kirche. Das Odiose an der ganzen Sache wird dann
hinwegfallen. Auch wird man nicht sagen können, dass diese
Interpretation zu sehr nach der Zwangsjacke rieche.

Das nach der Tradition gezeichnete Bild Petri muss in
vielen Fällen der an den Felsen schlagende Moses ersetzen,
den wir bereits oben als Symbol der christlichen Taufe kennen
gelernt haben. Die Absicht der altchristlichen Kunst, mit dieser
Darstellung Petrus zu symbolisieren, ist unverkennbar. Abgesehen von dem Parallelismus, der mit Rücksicht auf ihre pro-
videntielle Stellung zwischen beiden biblischen Personen leicht
zu eruieren ist, verrät die dem Mosis für vorliegenden Fall
von der Kunst verliehene Darstellung so sehr den petrinischen
Typus, dass der Gedanke an etwas Anderes vernünftiger Weise
gar nicht Platz greifen kann. Gleichfalls dürfte durch die That-
sache, dass Petrus unter dem Bilde des israelitischen Volks-

führers dargestellt wird, auch die Frage, ob die altchristlichen Monumente für oder gegen den Primat Petri sprechen, zu Gunsten des Letzteren endgiltig entschieden sein.

Ein Gegenstand fast ebenso grosser Verehrung, wie das ruhmgekrönte Apostelpaar, war für die altrömischen Christen auch die heilige A g n e s, welche wir gleichfalls von der Kunst des christlichen Altertums mehrfach dargestellt sehen. Aber auch andere weibliche Heilige, deren charakteristische Züge durch den Zahn der Zeit sehr stark gelitten haben, so dass ihre Identität nicht so leicht mehr zu enträtseln ist, sind von ihr vielfach mit Darstellungen bedacht worden. Das Gleiche gilt auch von männlichen Heiligen.

An hagiologischen Real-Darstellungen, in denen es sich um die monumentale Beurkundung von kirchlichen Lehren handelt, gebricht es gleichfalls nicht. Die Lehre der Kirche von der Wirklichkeit und Nützlichkeit des fürbittenden Gebetes seitens der Heiligen im Himmel attestieren viele Inschriften. PETE, ROGA, ORA PRO NOBIS, *EYXOY YΠEP HMΩN, EPΩTA YΠEP HMΩN*, u. dgl. m. liest man auf altchristlichen Epitaphien.

Bildwerke aus der historischen Theologie.

Die gesammte historische Theologie zerfällt bekanntlich in zwei grosse Hälften, in die biblisch- und die kirchenhistorische Theologie. Die eine wie die andere wurde von der altchristlichen Kunst, allerdings in sehr ungleicher Weise, mit Darstellungen bedacht. Während der biblischen Vorgänge fast gar kein Ende zu finden ist, beschränkte sich die bildliche Wiedergabe kirchenhistorischer Szenen nach dem gegenwärtigen Stand der archäologischen Forschung nur auf ein einziges Faktum. Es ist dieses die mit dem Namen des heiligen H i p p o l y t u s [1]), dessen von Winkelmann als das trefflichste Werk altchristlicher Plastik ausgegebene Statue gegenwärtig das Lateranmuseum

---

[1]) Eine nähere Auseinandersetzung über die Identität dieser historischen Persönlichkeit siehe bei Döllinger in seinem Werke: Hippol. u. Kallist.

aufbewahrt, eng verbundene Geschichte des in der Kirche allbe-
kannten Osterstreites. Die genannte Statue enthält nun auf
zwei Tafeln, deren eine rechts und eine links von der Kathedra
sich befindet, jenen Osterkanon, der seit dem Aufhören des Un-
terschiedes zwischen Judenchristen und Heidenchristen für die
römische Praxis allein massgebend war, später aber, weil er
auf nicht ganz richtiger Grundlage beruhte, rektifiziert werden
musste. Durch diese Revision gewann der Hippolytische Kanon,
der vordem an höchst unnötiger Weitschweifigkeit litt, auch
an Einfachheit, was im Interesse der Klarheit, namentlich bei
mathematischen Berechnungen, sich sehr empfiehlt.

Auch der terminus quo anderer, in der Geschichte des
jüdischen Volkes berühmt gewordener Osterfeste, sowie die
Ostern nach dem Geburts- und Todesjahr Jesu, sind auf der
Statue verzeichnet. Und insofern darauf die aus der Feder
Hippolyts herrührenden Werke katalogisiert sind, ist die Statue
auch für die altchristliche Literaturgeschichte nicht ohne alle
Bedeutung.

Der Begebenheiten, welche uns die Bibel erzählt und von
der altchristlichen Kunst in den Kreis ihrer Darstellungen gezogen wurden, ist von uns mit Rücksicht auf ihren symbolischen
Wert bereits oben zum Teil gedacht worden. Was wir über
diesen Punkt hier noch sagen werden, ist deshalb nur als Er-
gänzung zu etwas bereits Gesagtem anzusehen, die mit Bezug
auf den oft sehr unentschiedenen oder schwankenden Charakter
ihrer Symbolik besser hier, als anderswo, eine Stelle findet.

Mit Darstellungen von Adam und Eva sind vielfach die
altchristlichen Sarkophage reliefiert und die Goldgläser ausgeschmückt worden. Die Bildnisse unserer Stammeltern erinnerten
die ersten Christen an die Neuschaffung des Menschen in Christo,
und sollten gegen die Ansicht der Gnostiker die Welt als ein
Werk Gottes symbolisieren. Nach den uns von Augustinus,
Prudentius und Ambrosius hinterlassenen Dokumenten soll ihr
symbolischer Umfang ein noch grösserer gewesen sein.

Abel und Kain figurieren, wo sie vorkommen, gleichfalls
als Reliefs. Mit ihrer Symbolik bieten sie uns die Illustration
zu dem Ambrosianischen Text: In isto mundi redemptio an-

nuntiatur, ab illo mundi ruina. In hoc Christi sacrificium, in illo diaboli parricidium. Exhort. virg. lib. I. c. 6.

Neben I s a i a s , E z e c h i e l und D a n i e l , deren bereits oben Erwähnung geschehen ist, sind unter den Propheten noch E l i a s und E l i s ä u s mit Rollen von der altchristlichen Kunst bedacht worden. Auf einer Reliefplatte, die das Lateranmuseum aufbewahrt, befindet sich in einem von vier feurigen Rossen gezogenen Wagen Elias, um ihn seine zwei Söhne und der Prophet Elisäus, den Mantel des von hinnen Scheidenden in Empfang nehmend. Eine, wenn beliebt, dieser Komposition akkommodierbare Symbolik findet sich erst unter dem literarischen Erbe eines Beda Venerabilis (gest. 735) und Abtes Rupert von der Insel Reichenau (lebte um das Jahr 1000 n. Chr.), und es ist deshalb kaum gestattet, die Kenntnis derselben auch der altchristlichen Vergangenheit zu vindizieren.

Aus dem Neuen Testamente entlehnte die Kunst des christlichen Altertums zu ihren Arbeiten die G e b u r t C h r i s t i , s e i n e A n b e t u n g d u r c h d i e d r e i M a g i e r , sowie mehrere Episoden seiner P a s s i o n , darunter seine V e r l e u g n u n g durch Petrus, seine D o r n e n k r ö n u n g und für einen Sarkophag aus dem vierten oder fünften Jahrhundert auch die S z e n e v o r P i - l a t u s . Ausserdem will man auf einem ein buntes Allerlei biblischer Vorgänge darstellenden Sarkophage auch die S a l b u n g des toten Christus durch Maria erkannt haben. Aus dem reichen Fond seines wunderbaren Wirkens wählte man — wir verweisen die Leser zugleich auf das bereits oben Seite 49 hierüber Vorgebrachte — die Verwandlung des Wassers in Wein auf der H o c h z e i t z u K a n a und die H e i l u n g d e r B l u t f l ü s s i g e n . Auch C h r i s t i E i n z u g i n J e r u s a l e m kehrt mehrmals wieder.

Die Wirksamkeit der A p o s t e l ist bis auf die oben erwähnte Ausnahme von der altchristlichen Kunst ganz und gar unbeachtet geblieben, dagegen ihrer P a s s i o n mit mehreren Darstellungen von P e t r i G e f a n g e n n e h m u n g gedacht.

Bildwerke aus der aszetischen Theologie.

Von den Gegenständen der christlichen Aszese haben die
schon vom heiligen Apostel Paulus viel gepriesene und weit
über das eheliche Leben erhobene Virginität[1]) sowie die
wahrhaft erbauende, weil mit voller Resignation in Gottes
heiligen Willen verbundene Haltung der ersten Christen bei und
nach dem Tode der Ihrigen monumentalen Ausdruck empfangen.

Das zölibatäre Leben der Frauen ist vielfach Gegenstand
der Erörterung bei den apostolischen Vätern. Zwei hierüber
erschienene und von hoher Begeisterung und Liebe zur Sache,
über die sie informieren, getragene Schriften führen geradezu
die Adresse: »Ad virgines«, während der Rest mit verschiedenen Titeln vor das lesende Publikum tritt. Nicht auffallend
kann es deshalb sein, dass auch diese christliche Idee in der
Kunst des Altertums zum Durchbruch gelangte; viel auffallender wäre, wenn es nicht geschehen. In S. Priszilla sah
Bosio eine Szene, wo der Bischof einer Jungfrau den Schleier
gibt. Hierher zählen wir auch die in mehreren Kubikeln sich
findende Darstellung der klugen und törichten Jungfrauen, wofür es an Anhaltspunkten bei den Schriftstellern der ersten
Christen nicht fehlen dürfte. Auch spricht für diese Relation
die gleichfalls in den Katakomben gemachte Beobachtung, dass
vielfach die weisen Jungfrauen allein, ohne ihre Kombination
mit den törichten, dargestellt wurden.

Wie die ersten Christen voller Ergebung in den göttlichen
Willen waren, wenn es galt, für ihren Glauben an Christus mit
ihrem Blute Zeugnis abzulegen, dasselbe musterhafte und zu
eifriger Nachahmung einladende Verhalten gewahren wir an
ihnen auch vor und nach dem Sterben ihrer Lieben. Auch in
diesen herzbrechenden Momenten wussten sie sich mit dem,
dessen Namen sie trugen, ganz und gar eins. Mit dem im
Garten Gethsemani von Blut triefenden Erlöser beteten sie:
Abba pater, omnia tibi possibilia sunt, transfer calicem hunc
a me[2]) (et meis), wenn noch nicht alle Hoffnung auf Rettung

---

[1]) 1 Cor. 7. [2]) Marc. 14, 36.

des Aermsten ausser Sicht war. Und wiederum beteten sie
mit dem Erlöser in seiner Todesangst am Oelberge: Pater mi,
si non potest hic calix transire, nisi bibam illum, fiat voluntas
tua [1]), wenn das teure Auge im Tode brach, und für immer
sich zu schliessen begann. Diese von der grössten Ruhe zeu-
gende Resignation war nicht blos ein Werk des Augenblickes,
das ebenso rasch vergeht, als es kommt, sondern in ihrer Dauer
für das ganze Leben berechnet.

»Der stärkste Ausdruck des Kummers«, sagt Kraus [2]), »ist,
wenn der schmerzgebeugte Vater das Wort DOLENS bei
seinem Namen setzt, oder den jugendlichen Toten mit dem
Ausdrucke IMMERENS bezeichnet. Im Ganzen weht uns aber
ein wohlthuender Hauch des Friedens und der Ergebung in
Gottes Willen an: man stirbt nach Gottes Geheiss, nach dem
Befehl Christi:

ADEODATÆ DIGNÆ ET MERITÆ
VIRGINI ET QVIESCI HIC
IN PACE IVBENTE XPO EIVS«.

»*Die diese Gesinnung bezeugende Formel s i c v o l u i t D e u s
muss allgemein verbreitet gewesen sein, so dass sie nur durch
die Buchstaben SIC. V. D. angedeutet wurde. So z. B. in der
Inschrift: DAMALIS · HIC · SIC · V · D · IN DEO. In einer
anderen Inschrift heisst es: SI DEVS VOLVISSET HOC
EGO ANTE MERVERAM. Noch ausdrucksvoller lautet ein
Epitaph des vierten Jahrhunderts:*

*HOS TIBI QVINTILLA DICTAVIT VERSVS AMATRIX
QVÆ POST MORTE TVA VOLVI ME FERRO NECARE
SED DOMINI PRÆCEPTA TIMENS CASTA ME IN
FVTVRO PROMITTO«.*

»*Ein Elternpaar wehklagt auf einem Lyoner Stein über
den Tod ihrer Zwillingssöhne; aber, setzen die Trauernden
hinzu:*

*SED DOLOR EST NIMIVS CHRISTO MODERANTE
FERENDVS.
ORBATI NON SVNT DONA DEDERE DEO«.*

---

[1]) Matth. 26, 42. [2]) A. a. O. S. S. 468. 469.

VII.
Schlusswort.

So besteht also zwischen der Theologie und Kunst des
Urchristentums ein innerer Zusammenhang. Beide koinzidieren
bezüglich ihres Ideeenkreises mit dem einzigen Unterschied,
dass die Gedankenfläche der Theologie von jener der Kunst
nur in ihrem kleineren Teile gedeckt wird. Neben dieser ideal-
realistischen Verwandtschaft fehlt es aber für beide auch nicht
an äusseren Berührungspunkten. Die Kunst des christlichen
Altertums entlehnt von der heidnischen ihre ganze Technik
und mitunter auch ihre Formen, der formale Bau der urchristlichen Theologie hat sein Fundament gleichfalls in einem antiken Erzeugnis, in der platonischen Philosophie. Die religiöse
Kunst des Urchristentums gefällt sich in gegenständlichen
Wiederholungen, auch theologische Materien finden mehrfache
Bearbeitungen, allerdings nicht immer von ein und derselben
Hand.

Bei Musterung der altchristlichen Kunstprodukte, bei Erforsch-
ung ihrer Urheberschaft sind wir nur einige Mal dem Meissel, sonst
immer dem Pinsel begegnet. In auffallender Weise bestand dieses
ungleiche Verhältnis zwischen Malerei und Plastik nicht blos
damals, in den noch jungfräulichen Tagen der Kirche, sondern
erhielt sich ohne Unterbrechung seiner Sukzession bis heutigen
Tages. Man wird nicht leugnen können, dass beide, bildlicher
Wiedergabe dienende Systeme mit Vorzug individualisieren
wollen. Um indessen beiden gerecht zu werden, wird man
auch wiederum sagen müssen, dass die Malerei zur Individuali-
sation sich ungleich mehr eigne als die Plastik. »Das Gemüt
mit seinen tiefen Falten«, sagt Kraus [1]), »das feine Gefühl
seelischer Empfindung ist der Plastik verschlossen, die es zunächst nicht auf das Individuelle, sondern stets auf das allgemein Menschliche abgesehen hat. Darin lag gegeben, dass
nicht sie, sondern die Malerei zur Hauptkunst der christlichen
Völker werden musste«.

---

[1]) A. a. O. S. 373.

MONUMENTA
CATECHETICA

AEVI VETERIS ET MEDII.

ERSTE BEILAGE.

Formula vetus confessionis ecclesiae Alamannicae. *)

H uuirdu Gote almahtigen bigihdig inti allen Gotes heilagon allero minero suntono . unrehtero githaco . unrehtero uuorto . thes ih unrehtes gisahi . unrehtes gehorti, unrehtes gihaneti odo andran gispuoni. So uuaz so ih uuidar Gotes uuillen gitati . meinero eido, ubilero fluocho . liogannes . stelanes . huores . manslahti . unrehtes girates . odo mir iz thuruh min kinthisgi giburti . odo thuruh min selbes gispensti . odo thuruh anderes mannes gispensti . girido, ob- unstes . nides bisprachido . ubilero gelusto . thaz ih ci chiri- chu ni quam . so ih mit rehtu scolta . zuuene ni gisuonta . sunta ni uerleiz themo ih mit rehtu scolta. Heilaga sunnan- taga . inti heilaga missa . inti then heilagon uoizod ni crita .

Ich werde (will) Gott dem Allmächtigen und allen Heiligen Gottes meine Sünden beichten: Unrechte Gedanken, unrechte Worte, so ich Unrechtes gesehen, Unrechtes gehört, Unrechtes ausgesagt oder Andere angegebeu (abgeraten) habe. So was ich wider Gottes Willen gethan: Meineid (mein = pravum, malum), böse (= ubilero) Flüche, Lügen, Stehlen, Huren, Töten, unrechtes Raten, sei es dass solches mir in meiner Kindheit begegnet ist oder in der Trunkenheit, sei es durch meine eigene oder eines andern Menschen Veranlassung. Geiz, Miss (Ab-) gunst, neidische Nachreden, böse Gelüste. Dass ich zur Kirche nicht kam, wie ich mit Recht sollte, Entzweite nicht versöhnte, Sünden nicht verzieh, dem ich

---

*) Apud Joa. Schilterum, Thesaurus antiquitatum teutonicarum. Ulmae 1728. tom. I.

so ih mit rehtu scolta . una urloub gap . una urloub intpheing .
uncitin slafenti . uncitin uuachanti . thes alles int anderes ma-
neges . thes ih uuidor Got almahtigen schultig si . thes ih Got
almahtigen in meneru kristenheiti gehiezi . enti bi minan uuiz
in forliezi . so ih es gihuge, so ni gihuge . so ih iz gitahti .
so ih iz gispruchi . so ih iz githati . so mir iz slafenti gibu-
riti . so unahhenti . so gangenti . so stantenti . so sizzenti .
so liganti. So bin ih es Gote almahtigen bigihtig . inti allen
Gotes heilagon . inti thir Gotes manne, inti gerno buoz ziu
framort . so fram so mir Got almahtigo mahti . inti giuuizzi
forgibig. Allmahtig Trahtin forgib uns mahti inti giuuizi . thi-
nan uuillon zi giuuircanne . inti zi gefremenne so iz thin uuillo
si. Amen.

mit Recht (verzeihen) sollte. Dass ich den heiligen Sonntag und die heilige Messe
und das heilige Wort nicht ehrte, wie ich mit Recht sollte; ohne Ur(Ver-)laub
gab und empfing (nahm), zur Unzeit ass, trank, schlief und wachte. Dies Alles
und manch Anderes, so ich wider Gott den Allmächtigen schuldig bin (beichte
ich), was ich Gott dem Allmächtigen in meiner Taufe (englisch cristen = taufen,
cristianisme = Taufe) verhiess und mit meinem Wissen verliess, sei es, dass ich
mich dessen erinnere oder nicht erinnere, sei es, dass ich es gedacht, geredet,
gethan, sei es mir beim Schlafen oder Wachen, beim Gehen oder Stehen, beim
Sitzen oder Liegen begegnet, so (und nicht anders) will ich es Gott dem Allmächtigen und allen Heiligen Gottes und dir Gottesmann beichten; auch be-
gehre ich zu büssen (= will ich mich bessern) hinfüro, insoferne als mir Gott der
Allmächtige Macht (Gnade) und Verstand (Einsicht) verleiht. Allmächtiger Herr,
gib uns Macht und Verstand, deinen Willen (so) zu wirken und zu vollbringen,
wie es dein Wille sei. Amen.

ZWEITE BEILAGE.

Decalogus rhythmica paraphrasi expositus ex codice
M. S. Archivi Civitatis Argentensis.

Dis sind die zehn Gebot.

Das erst.

Non habebis deos alienos.

Du solt nym haben den einen Got
Und solt den mynnen sunder spot
Von ganzem hertzen naht und tag
Was lip und sele erzugen mag.
Mit allen dinen krefften gar
Soltu sines willen nemmen war
Und solt in loben das er dich
Gemaht hat im selber glich.
Und das der werde here gut
Durch dich vergossen hat sein blut.
Und machet sich dir undertenig
gar
Was lebendig ist, das nim ich ouch
war,
Er hat dir lip und sele geben
Und dort in iemer ewig leben.
Und das er mensch worden ist,
Durch dich der milte Jhesus Christ,
Do von mah tu sprechen wol
Got Vatter aller Gnaden vol
Wol dir in diner Majestat

Durch dich dine Kraft gemachet
hat
Von reht das ich worden bin
Das ich han leben und sin
Wir sullent auch iemer nemen war
Die mutter sin die in gebar
Sich das ist ein Gebot
Wie du solt eren dinen Got.

Das ander Gebot.

Sanctifices Sabbatum.

Das ander Gebot soltu nemen war
Mit allen dinen sinnen gar
Also es din lip vollbringen mag
Wie das du dinen firtag
Geheiligest also du billichen solt
Du solt durch silber und durch golt
Die rehte vire brechen niht
Das ist eine gut zuversicht.
Du solt ouch nut unkusche sin
Die Frowen und darzu der win
Soltu nut suchen wisse das
Er bringet dich in Gottes has

Darzu in Schande und in Schaden
Du würst mit Sünden überladen
Du solt in Gotteskirche gon
Was du die wuch hast geton
An dere zit versumet dich
Dez soltu machen dir glich
Gegen Got und der muter sin
Do erestu den Schoepfer din
Got selber mahte den virtag
Das man sich mit im gesunen mag
Mit guten wercken zu allen stunt
So würt uns ewige froide kunt
Das helfe uns Got Jhesus Crist
Der unser aller Schöpfer ist
Das wir uns also ime versunent
Das wir sin himelrich mit ime ge-
      winnent.

Das dritte Gebot.

Honores Patrem tuum et Matrem
    tuam.

Das dritte gebot wil ich roten dir
Das du durch reht solt volgen mir
Din vatter der dich hat gezogen
Die mutter die dich hat gesogget
Die soltu eren zu aller stunt
Das ist ein selden rich funt.
Wer denne on yn dirre zit
Das dir Got lang leben git
Und neret dich vor der hellen glut
Und wisse das din alter gut
Wert. Das soltu sicher sin
Und habe es usz die trewe min
Und haltest dich also hie
Das du nut wilt erzuernen si
So wisse das dich Got niergent lat
In keiner not fruege und spath
Darzu hast du der welte gunst

Bis sicher das dieselbe kunst
Ein rein selig Ende birt
Ein lon des himmelrichs wirt.

Das vierdte Gebot.

De amando proximo.

Zu dem vierden soltu wissen das
Das soltu gar on allen has
Dinen neben menschen sicherlich
Han lieb also du selber hast,
Sihstu in ouch in noeten ston
Du solt in nuet darinne lon
Du solt im helffen obe du maht
Darus es lu tag oder naht.
Hestu me gutes denne er hat
So gip im ouch es ist min rat
So git ouch dir der werde Got
Und haltest doch sin recht Gebot
Und was er guter Dinge gert
Von dir nü lo in ungewert
Und nim ouch in dinen mut
Was dir ist leid, was man dir dut.
Dasselbe soltu in erlon
So hastu reht und wohl geton
Bit Got für in und er für dich
So koment ir alle zu himelrich.

Das funfte Gebot.

Non occides.

Du solt umb keiner hande gut
Noch ouch umb kein ubermut
Nieman ertöten wisse das
Du lettest uf dich selber Gottes
       has.
Und auch den ewiglichen dot
Und iemer sunder not
Der dir iht arges hat geton
Den soltu übels ouch erlon.
Die döde sint unglich

Und detestu ieman gewilliglich
Zu hand ist din dot geborn
Die hast dort und ouch hie verlorn
Din leben hie, din Sele dort
Von rehte und dinen mort
Ist das iemant döten will
Dem du lützel oder vil
Schande oder Schaden hast getan
So soltu dich nut döten lan.
Mahstu nüt wencken du solt weren
Dich und das leben din erneren
Das ist das funfte das nym war
Das sehste soltu mercken gar.

Das sehste Gebot.

Non moechaberis.

Du solt nüt unküsch sin
Mit wercken noch mit worten din
Unküscheit den Schaden birt
So von der Lust betrübet wirt.
Und darzu die frowen und man
Wer sich davon enthalten kan
Das er unkeuscheit nut pfliget
Der hat dem Tüfel angesiget
Und ouch von im vertriben gar
Unküscheit höret on die schar
Die von dem himel wart vertrieben
Unküscheit ist bepliben
In mannes hertzen grunt
Unküscheit vil nymt
Machet das er böse Wort
Nüt mag vermieden hie noch dort
Unküscheit hat den sitten
Das ir wonet läster und schäden
                              mitte
Das is das sehste nym war
Das subende soltu mercken gar.

Das subente Gebot.

Non furaberis.

Zu dem subendem mole rate ich
                              dir
In truwen das globe mir
Das du solt nieman stelen niht
Sin gut es ist ein zuversiht
Das maniger darumb erhangen
                              wurt
Durch das er stelen nut verbirt
Stelen dut schande und schaden
Stelen ist ein silber us der laden
Jederman andet was er gutes hat
Das ist eine grosse missetat
Stelen ist der Sele ein mort
Du stelest manigem hie und dort
Sine ere gar uf einen tag
Die ime niemer wider werden mag.
Mit worten die du von im seist
Und doch die wahrheit nut erweist
Das ist gelogen und gestoln
Ich sage dir das unverholn
Du kanst niemer me gebussen ane
Im werde sine ere wider danne.

Daz achteste Gebot.

Non loqueris falsum testimonium contra proximum tuum.

Zu dem achtesten mole tun ich
                              dir kunt
Du solt beschliessen dinen munt
Das du iht stest ein valsch gezüge
An dem gerihte mit en lüge
Stant niemand mit unreht by
Lösin obe er din Vatter sy.
So soltu dich verliesen niht

Durch in die gute zuversiht
Die du zu Got haben solt.
Gebe er dir silber und golt
So das zergangen were zu haut
So werestu hie und dort geschaut
Wo man ein ding bezügen soll
Wer do hat reht das weis Got wol
Doch mus ir eins unreht han
Do van soltu darby nut stan
So man die heilgen treit hervor
Mahstu so gang für dasdor
Und hörestu einen valschen eit
Es mag dir her noch werden leit.

Das nünde Gebot.

Non concupiscas uxorem proximi tui.

Zu dem nunden mole gibe ich
        rat dir
Sit Got die E gemachet hat
Und keinen orden furbas me
So soltu wissen das die E
Erhebet mit Gottes krafft
Dovon soltu mit meisterschaft
Alsus betwingen die lip
Das du keines mannes elich wip
Begerest zu keinen stunden
Noch ouch mit bösen Sunden
Du solt gedencken : mir wer leit
Das in böse kundigkeit
Min elich wip anritte
Das iemant das verneme
Das su in laster keme
Nu nymet Got und Elich leben
Der uns den orden hat gegeben
Wer ehlich leben nut erdaht
So were die welt nie volbracht.

Das X. Gebot.

Non concupiscas res proximi tui.

Das X. Gebot und das leste
Ir kind und ir geste
Das sullent ir mercken alle glich
Ich nenne uch armen und rych
Du solt niemans gut begeren
Ich wil dich des by nammen weren
Wolte dir Got gut gegeben han
Wil dir din gut geben
In himelrich ewig leben
Got git hie manigen gut vil
Den er dort nutz nit geben wil
Dovon soltu verzagen niht
Obe man dich hie in armut siht
Bistu hie in armut
Wissest sicher, das du dort hast
        sicher gut
Wellich richer man hat gutes vil
Und das mit Got teilen wil
Der hat uf erden ein himelrich
Und dort ouch das ist versicherlich.

⌒⌒⌒⌒⌒

Sich mensch das sint die gebot
Also sie uns hat gegeben Got
Wer cristenlichen orden hat
Der sol sin behalten das ist war
Wil er nut sin der Hellen kint
Er ist mit gesehenen ougen blint
Dem das nut wol zu hertzen get
Das hie vor im stet
Also die propheten hant geseit
Es ist eine grosse offenheit
Wer nut gedencken wil daran
Es sy ouch frowe oder man.

DRITTE BEILAGE.

Sacrum Septenarium rhythmica paraphrasi expositum ex codice M. S. Archivi Civitatis Argentensis.

Dis sint die süben Heiligkeit.

Die Erst.

De S. Baptismo.

Den heiligen töffe ich meine
Der uns clar und reine
Erweschen hat von sunden
Sit das mir niemer kundent
Zu Gotte kommen one den töffe
Es was ein usserwelleter töffe
Den uns Got hie gemachet hat
Dovon so wil ich geben rat
Mir selber und ouch der cristenheit
Das wir sint naht und tag bereit
Mit guten wercken gegen Got
Zu haltent alle sine Gebot.

Die ander Heiligkeit.

De Confirmatione.

Hörent die ander Heilikeit
Sol nach dem töffe sin bereit
Das ist das man uns firmen sol
Und hörent zu dem glöben wol

Und ist sine grosse heilickeit
So wir zu dem krisseme sint bereit
Die gobe uns Got gefristet hat
Das su an anders niemant stat
Wenne das ein bischoffe su geben
sol
Der die gewalt dorzu hat wol.

Die dritte Heiligkeit.

De Poenitentia.

Do ist die dritte Heilikeit
Das dir sie innenclich leit
Was du ie arges hast geton
Darumb soltu ruwen hon
In dime hertzen naht und tag
Also wol din lip erzugen mag
Und ruffe us hertzen grunde
Mit zungen und mit munde
Ach milter hochgelobeter Got
Han ich gebrochen din gebot
Das ist mir innerlich leit
Got Vatter aller cristenheit

Du solt dich hut erbarmen
Uber mich sündigen armen
Dem rohen höret ein bihte noch
Darzu sol dir wesen goch
So du die ding hast volle broht
So hostu dich gar wol bedoht
Und ouch die dritte heilikeit
Zu dem vierden soltu sin bereit.

Die vierde Heiligkeit.
De Ss. Eucharistia.

Das du glöbest luterlich
Der heilikeit dus dun ouch ich
An unsers heren lichnam
Also das sin heilger nam
Hie vor uns bringet in ein brot
Also er mit sime blute rot
Stunt an dem fron trug her
Du solt das wissen iemer mer
Das in ein jegelich priester hat
In sinen handen wanne er stat
Und sich dorzu hat wol bereit
Das er den hebet der us treit
Und uns ouch gap sele und lip
Wir armes volck man und wip
Das wir nut sagent lop und danck
Dem zarten Gotte one allen wanck
Der selden der es uns hat beschert
Das er uns mit im selber ernert
Die heilikeit die man uns git
So der mensch an dem ende lit.

Die fünfte Heiligkeit.
Sacramentum Ordinis.

Das ist das heilige Sacrament
Wellich mensch das zu rehte er-
                        kant
Hat es in dem hertzen die vernunft

Es frowete sich des priesters kunst
Und ouch die wort di er do liset
Also es von Gotte kummen ist
Die machent uns den rehten weg
Und sullent uns wisen in den reh-
                        ten steck
Ist der glöbe on unsz bereit
Der uns zu dem himmelrich treit
Das wir han uns erkant
Und uns die priester mit der hant
Das Sacramente stricket an den lip
Das ist uns ein ewig leit vertrip
Und ist die funfte heilikeit
Er ist selig weme sü ist bereit.

Die sehste Heiligkeit.
Sacramentum Matrimonii.

O Sehste das ist ein Heilikeit
Von der man uns gar vil hat geseit
Und keret sich ieman daran
Sü sint joch frowen oder man
Das ist das Heiligkeit elich leben
Das uns Got selber het gegeben
Und keinen orden also me
Die usserwelte Heilikeit
Das ich sesse han geseit.

Die siebende Heiligkeit.
Sacramentum Consecrationis.

Die subende ist obe in allen gar
Also uber den gouch der Adelar
Ich meine die heilige wihunge
Es kan keins menschen zunge
Gesagen von der würdigkeit
Die Got an wihunge hat geleit
Su machent uns eliches leben
Su kan uns sünde wol vergeben
Su toiffet und firmet

Su eret und schirmet
Hie klöster und klusen
Su ist in alles Gottes husen
Froide schilt und geleite stab
Do von su uns Got selber gab.
So mussent Konige u. Keiser han
Nieman mag ir wol werden an
Su bringent Got von himmelrich
In priesters henden sicherlich.

Das sint die suben Helikeit
Sich mensch das su dir geseit
Wer diesen dingen volget noch
Dem ist zu Gottes hulde goch
Wanne Got nu die gnode git
Der mercke in der guten zit
Wie man dié ding anvahen sol
Gegen Gottes frunden der tut wol.

VERZEICHNIS VON BÜCHERN

UND

REZENSIONEN.

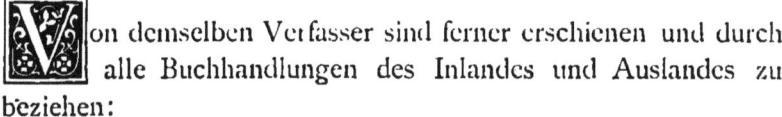on demselben Verfasser sind ferner erschienen und durch alle Buchhandlungen des Inlandes und Auslandes zu beziehen:

Das Wesen des eucharistischen Opfers

und die berühmtesten Theologen der drei letzten Jahrhunderte. Augsburg. Kranzfelder. 1877.

Der Tempelbau der vorchristlichen und christlichen Zeit

oder die bildenden Künste im Dienste der Religion bei den Heiden, Juden, Mohammedanern und Christen. Mit 200 Text-illustrationen und einem bunten Titelbilde. Leipzig. Otto Spamer. 1881.

Urteile der Presse über dieses Werk:

Augsburg. Postztg. 80. 105.

»Es gereicht uns zu wirklicher Freude, hier dieses vortreffliche Buch zur Anzeige bringen zu können, obwohl wir vielleicht annehmen dürfen, dass es anderwärts bereits schon eine eben so freundliche Aufnahme wie hier in München bei den uns bekannten Kreisen gefunden hat. Herr Professor Diepolder hat hiermit einem wahren, längst empfundenen Bedürfnisse abgeholfen, indem es bis jetzt trotz vieler und in ihrer Art vorzüglicher Spezialarbeiten auf dem Gebiete der religiösen Kunst an einem die verschiedenen Zweige derselben zusammen-fassenden, handsamen Compendium gefehlt hat. Wenn sich auch der Verfasser im zweiten Teile seines Werkes vielfach mit dem klassischen Werke J. G. Ja-kobs: »Die Kunst im Dienste der Kirche« berührt, so hat er sich doch, wie schon der Titel sagt: »Der Tempelbau der vorchristlichen und christlichen Zeit« einen viel weiteren Kreis gezogen, indem er uns nicht blos durch die Pforten der christlichen Tempel führt, die zu allen Zeiten und von allen Völkern der geahnten Gottheit errichtet wurden. Wir beschreiten an seiner kundigen Hand nacheinander die heiligen Stätten der Aegypter, Babylonier, Phönizier, Israeliten, Assyrer, Meder, Perser, Inder, Chinesen und Japanesen, dann bei den hochge-bildeten Völkern des Occidents die klassischen Heiligtümer der Griechen, Etrusker und Römer und noch während der christlichen Zeit belehrt er uns über die selt-

samen, uns nach ihrem Aeussern und Innern so fremdartig anmutenden Tempelbauten der Mohammedaner. Alle diese verschiedenartigen Kultusstätten sind aber
nur gleichsam Vorhallen und Galerien zu dem christlichen Tempel, den sich der
wahre Gott zur Wohnung erwählt hat. In drei grossen Abschnitten nach den
Hauptperioden des christlichen Altertums, des Mittelalters und der Neuzeit behandelt Diepolder den christlichen Tempelbau in seinem Zusammenhang mit den
ihn schmückenden Künsten der Bildnerei und Malerei. Der gewaltige Stoff ist
sehr übersichtlich gegliedert und eingeteilt, die Darstellung bei aller Knappheit
deutlich und lichtvoll, und wo der Verfasser glaubt, nicht selber mit besserer
Sachgemässheit reden zu können, lässt er seine Autoren sprechen. Ein sehr
ausführliches Sach- und Wortregister erleichtert das Nachschlagen von Kunstwerken, Künstlern, Oertlichkeiten und technischen Ausdrücken. In einer Schluss-
tafel gibt der Verfasser Rechenschaft über die von ihm benützten Werke und
zugleich Winke, wo für einzelne Fächer und Kunstzweige weitere Instruktion
zu holen ist. In den laufenden Text sind 200, sage zweihundert meist sehr vor-
zügliche Holzschnitt-Illustrationen eingerückt, wodurch das Werk an Belehrung
und Anschaulichkeit ausserordentlich gewinnt und macht der kunstsinnigen
Liberalität des berühmten Verlages von Otto Spamer in Leipzig alle Ehre.

Bei einem Erstlingswerke von so grossem Umfange des Stoffes, der auf
300 enggedruckte Seiten zusammengedrängt ist, kann man nicht verlangen, dass
es in allen Einzelheiten erschöpfend und vollendet sein soll. Wenn wir dennoch einige Bemerkungen machen, so beziehen sich dieselben nicht auf die mit
so grosser Kenntnis und Umsicht behandelten Hauptgegenstände, sondern nur
auf einige äussere zufällige Dinge, die vielleicht bei einer neuen Auflage berück-
sichtigt werden könnten. So halten wir z. B. den Ausdruck »germanische«
Baukunst nicht für richtiger als »gothische«, welch letzteres Wort als terminus
technicus am besten über den nicht auszumachenden Ursprung dieser Bauart
hinweghilft. Die Bezeichnung: »Der Kirchenbau in der Zeit der Kreuzzüge
1150 bis 1200« ist nicht ganz bestimmt, da in diese Zeit eigentlich nur ein
einziger grosser Kreuzzug fällt, der des Kaisers Friedrich I. von 1189. Bei Besprechung Holbein's des Aeltern S. 258 sagt der Verfasser: »Es ist gegen alle
historische Wahrheit, wenn zu gleicher Zeit Judas den Herrn küsst, während
Petrus dem Malchus das Ohr abhaut und Christus das Ohr wiederum inmitten
des Ergriffenwerdens ansetzt.« Auf den wirklichen Vorgang kommt es hier gar
nicht an, sondern auf den schönen Gedanken, den der Künstler hier darstellt.
Er lässt den Herrn in einem und demselben Augenblick, in welchem er die
schwärzeste Treulosigkeit empfängt eine Wohltat spenden — eine sinnreiche Zu-
sammenfassung zweier Handlungen, die wir auch auf einem Bilde in Ilmmünster
sahen. Solche naive Züge der alten Maler sollen nicht getadelt, sondern vielmehr unsern Künstlern empfohlen werden. In dem Quellenverzeichnis am Schlusse
vermissen wir die Anführung der Werke des um die bayerische Kunstgeschichte
so hochverdienten Dr. Sighart. Von den Holzschnitten sind die meisten rein
und scharf und die wenigen flauen und undeutlichen, wie der Zauberer Elymas
und Holbeins Madonna können bei einer folgenden Auflage durch bessere ersetzt

werden. So hübsch die zwölf Apostel von P. Vischer im Allgemeinen geraten sind, so wäre doch vielleicht die Hälfte (etwas grösser gehalten) besser als das Ganze. Die andere Hälfte könnte dann durch eine Darstellung von sechs Aposteln aus der Frauenkirche in Kopenhagen ergänzt werden, da diese christlichen Schöpfungen Thorwaldsens so wenig bekannt sind. Wenn künftig auf diese und ähnliche von Kunstfreunden gemachte Bemerkungen vom Verfasser und Verleger Rücksicht genommen wird, kann das schöne Werk nur gewinnen; denn wir halten dasselbe für so lebenskräftig, dass es sich noch entwickeln und zu noch grösserm Wachstum ausgestalten kann. Der bestimmte Zweck, den sich der Verfasser klarbewusst gestellt hat, bürgt für einen grossen, nie mangelnden Kreis von Lesern. »Das vorliegende Buch, sagt der Verfasser, ist nicht für F a c h g e l e h r t e, sondern für einen grössern Leserkreis, für F a c h l e u t e, für Kleriker und die gebildeten Stände überhaupt, besonders für Zöglinge theologischer, technischer und hiermit verwandter Lehranstalten (wir setzen hinzu: auch für Gymnasien und höhere Bildungsschulen) zunächst berechnet. Kunsthistorische Fragen, die noch Streitobjekte für die gelehrte Welt bilden, sind deshalb fast gänzlich vermieden oder höchstens erwähnt. Es wird in dem Buche nur so viel geboten als der Leser, für welchen es verfasst ist, sich bequem merken kann, und dieses Wenige in einer möglichst allgemein verständlichen Form.«

Wie Eingangs erwähnt, hat dieses Werk bereits in kunstfreundlichen Kreisen beifällige Aufnahme gefunden und wenn der jugendliche Herr Verfasser diesem schönen Unternehmen seine Liebe und Treue bewahrt (woran nicht zu zweifeln), wenn er seine Kenntnisse durch fortgesetztes Studium der grossen Meisterwerke, durch immer tieferes Eingehen in die technischen Mittel und Geheimnisse, durch Reisen und autoptisches Einsehen etc. erweitert, vermehrt und anwendet, so ist diesem glücklichen Werke eine schöne Zukunft leicht vorauszusagen.«

K r e f e l d. Niederrh. Volksztg. 81. 2.

D e r T e m p e l b a u. Eine im Grossen und Ganzen übersichtliche und recht brauchbare Geschichte des Tempelbaues in vorchristlicher und in christlicher Zeit danken wir dem bayerischen Lyzealprofessor Diepolder, der bei Abfassung derselben vorzugsweise auf Studierende theologischer und technischer Lehranstalten Rücksicht nahm. Zur erstmaligen Anregung, zur Einführung in die Kenntnis der antiken und mittelalterlichen Baustile leistet das nicht umfangreiche, mit vielen Holzschnitt-Illustrationen passend ausgestattete Buch gute Dienste und können wir nur wünschen, dass dasselbe der studierenden Jugend überhaupt zugänglich gemacht werde. Im ersten Teil werden die orientalischen, sowie die occidentalischen Baustile der vorchristlichen Zeit, im zweiten der Kirchenbau des christlichen Altertums, des Mittelalters und der Neuzeit (Renaissance, Barock, Rococo) kurz gewürdigt und in einem Anhang von 8 Seiten der Kirchenbau im 19. Jahrhundert, freilich äusserst lückenhaft und in dieser Form überflüssig, noch besprochen. Bei jeder einzelnen Periode sind auch die im Dienste des religiösen Kultus stehenden Künste, Wand-, Glas- und Staffelei-Malerei, die Bildhauerei und die Kleinkünste, teilweise mit liebevollem Eingehen in die Würdigung des uns überkommenen Denkmälerschatzes, in sachgemässer Weise erklärt.

N. Görlitzer Anzeiger. 81. 192.

Der Tempelbau. Dieses zunächst für die reifere Jugend, namentlich aber für Zöglinge theologischer und technischer Lehranstalten und verwandter Schulen bestimmte Buch bietet anregende und unterhaltende Lektüre Gebildeten aller Stände.

Basel. Allg. Schweizer Ztg. 80. 310.

Der Tempelbau. Was in der allgemeinen Kunstgeschichte nur an den verschiedensten Stellen und ungleich behandelt gefunden werden kann, das ist hier in trefflicher, übersichtlicher Weise in einheitlichem Gange zusammengefasst. Alles, was in Bau und plastischem und malerischem Schmuck der Gotteshäuser im Orient und Occident während der vorchristlichen und christlichen Zeit geleistet worden ist, tritt uns in den anschaulichen Schilderungen und ausgezeichneten Abbildungen dieses Buches entgegen. Den einzelnen Abtheilungen sind kultur-historische Einleitungen und vergleichende Rückblicke beigegeben und auch die neuesten Werke und Forschungen findet man benutzt. Das 19. Jahrhundert scheint uns etwas zu knapp behandelt. Für Studierende der Theologie, für Pfarrer, bei deren Studiengang dieses Gebiet oft zu kurz kommt, möchte es eine besonders wertvolle Festgabe sein. Der Preis, 4 M. 50 Pf. für das schön gebundene Werk, ist ein sehr billiger.

Deutsche Revue. 80. 3.

Der Tempelbau. In anregender und mit Hilfe der gut ausgeführten Illustrationen höchst anschaulicher Weise gibt der Verfasser in diesem Werke ein Bild der Entwicklung der bildenden Künste von den Anfängen der orientalischen Tempelbauten bis zu dem Kirchenbau unserer Zeit und versteht es, auf dieser Wanderung das Interesse des Lesers bis zum Schluss zu fesseln.

Hannover. Courier. 80. 10,674.

Der Tempelbau. Der Verfasser beherrscht seinen Stoff vollständig und hat hier einen höchst praktischen Leitfaden geliefert. Der Text wird durch 200 gut ausgeführte Abbildungen erläutert.

Breslau. Schles. Zeitung. 80. 579.

Der Tempelbau. So finden denn in recht belehrender, den Sinn für kirchliche Kunst belebender Weise eine durch Illustrationen vielfach erläuterte Darlegung: die vorchristliche Zeit (Bauperioden des Orients und des Occidents) und die christliche Zeit (Kirchenbau im christlichen Altertum, das christliche Mittelalter, und der Kirchenbau in der christlichen Neuzeit). Ein Anhang behandelt den Kirchenbau im 19. Jahrhundert.

Grazer Tagespost. 80. 332.

Der Tempelbau. Ein zur Einführung in die Geschichte und in das Studium der kirchlichen Kunst höchst bemerkenswertes Buch, das in präziser Darstellung einen Ueberblick über die bildenden Künste, soweit sie religiösen Zwecken dienen, gibt. Dass auch hier die Illustrationen volles Lob verdienen, brauchen wir nicht besonders hervorzuheben.

Hamburger Correspondent. 8o. 293.

Der Tempelbau. Der Titel sagt deutlich, welch' hohe Aufgabe sich der Verfasser gesetzt hat, er will nichts geringeres, als der Jugend die inneren Beziehungen zwischen Religion und Kunst, gestüzt auf die Erzeugnisse der letzteren, veranschaulichen und wir müssen gestehen, dass ihm dies innerhalb des beschränkten Raumes gar wohl gelungen ist. Wir empfehlen daher dieses Werk den Gebildeten aller Stände, sowie speziell den Zöglingen technischer Lehranstalten und verwandter Schulen zur Einführung in die Geschichte und das Studium der kirchlichen Kunst. Der Verfasser möge nicht umsonst hoffen, dass sein Buch den leider in unserer Zeit so wenig belebten Sinn für kirchliche Kunst und deren segensreiche Einwirkung auf das Gemüt und die Sittlichkeit fördern werde. Auf die vorzüglichen Abbildungen der berühmtesten Tempel und Kirchenbauten machen wir besonders aufmerksam, sie tragen zum Verständnisse des Textes wesentlich bei.

Köln. Nachrichten. 8o. 294.

Der Tempelbau. Dieses Werk schildert die religiösen Bauwerke aller Zeiten und Länder in ihren bedeutsamsten Erscheinungen. Es popularisiert also die Kunstgeschichte und führt die Leser in ein Gebiet der Baukunst ein, das gerade das meiste Interesse erweckt und so reichen Stoff zu Illustrationen darbietet. Die Letzteren sind ebenso vortrefflich wie der Text gut und frisch geschrieben ist.

Köln. Volksztg. 8o. 348.

Der Tempelbau. Eine klar geschriebene Abhandlung über die kirchliche Architektur und schönen Künste in den verschiedenen Stilperioden der Kulturvölker; zur Lektüre eben so angenehm als zum Studium empfehlenswert. Nur möchten wir bei einer neuen Auflage, die das Werk zweifelsohne erleben dürfte, eine eingehendere und durch eine grössere Anzahl von Vignetten erläuterte Besprechung des Barock-, des Rococo- und des Zopf-Stiles wünschen. Die Besonderheiten gerade dieser drei Stilarten sind der Laienwelt, auch der gebildeten, so äusserst wenig geläufig, dass in dieser Beziehung eine grosse Begriffsunsicherheit fast geradezu allgemein ist. Die künstlerische Ausstattung des Werkes ist eine musterhafte, wie wir dies beim Spamer'schen Verlage gewohnt sind.

Leipzig. Illustr. Ztg. 8o. 1953.

Der Tempelbau. Zur Einführung in die Geschichte und das Studium der kirchlichen Kunst den Schülern theologischer und technischer Lehranstalten, überhaupt den Gebildeten aller Stände, empfohlen. Das Werk schildert in populärer Sprache und unterstützt durch viele Textillustrationen die Art und Weise, in welcher die bildenden Künste im Dienste der Religion bei den Heiden, Juden, Mohammedanern, namentlich aber bei den Christen verwendet worden sind.

Leipzig. Ztg. f. höh. Unterrichtsw. 8o. 51.

Der Tempelbau. Dieses Buch ist in der That ganz besonders geeignet, dem Laien richtige Begriffe über das Wesen und die Entwickelung dieses eminent wichtigen Teile der Baukunst zu verschaffen. Nicht blos etwa diejenigen, welche sich dem Studium der Theologie oder der Architektur widmen wollen, haben es nötig, auf diesem Wissensgebiete mehr oder weniger heimisch zu sein. Jeder Gebildete darf hierin eigentlich kein Laie sein, er muss im Stande sein die Kirchenbauten seiner Stadt, seiner Gegend, der Orte, die er auf Reisen berührt, ihrem Wesen und ihrem Werte nach gehörig würdigen zu können, und dazu wird das Buch eine gediegene prächtige Anleitung sein. Die zahlreichen schönen Illustrationen sichern dem Selbststudium den gewissen Erfolg, einem Studium, das zugleich eine der angenehmsten Unterhaltungen ist.

Leipzig. Allg. Lehrerztg. (Allg. Anz.) 80. 62.

Der Tempelbau. Es ist dies eine empfehlenswerte Einführung in die Geschichte und das Studium der kirchlichen Kunst für Zöglinge theologischer und technischer Lehranstalten und verwandter Schulen, sowie für Gebildete aller Stände. Den Lehrern, namentlich denen, die Kirchendienste zu verwalten haben, wird dies Werk vieles Neue und Interessante bieten. Der Text ist klar und verständlich, die reiche Illustration, wie die ganze Ausstattung gut.

Leipzig. Theolog. Literaturbl. 81. 2.

Der Tempelbau. Eine monographische Darstellung der Kultusstätten in vorchristlicher und christlicher Zeit fehlte bisher noch. Und doch dürften sich aus einer vergleichenden Nebeneinanderstellung der verschiedenen Systeme, die in der religiösen Architektur im Laufe der Zeit zur Anwendung gekommen sind, interessante Resultate gewinnen lassen. In dem vorliegenden Buche, welches die gottesdienstlichen Bausysteme von den ältesten Zeiten bis zur Gegenwart in ihren Haupterscheinungen und charakteristischen Merkmalen beschreibt, hat, da es für weitere Kreise berechnet ist, dieser Gesichtspunkt unberücksichtigt bleiben müssen. Doch setzen die zahlreich beigegebenen Abbildungen hier und da den Leser in den Stand, selbst die vermissten Vergleiche anzustellen. Der Verfasser, dem wir nachrühmen müssen, dass er seinen römisch-katholischen Standpunkt nur selten hervortreten lässt, hat den Gegenstand mit Geschick behandelt und anschaulich dargestellt und zeigt sich in der neueren Literatur wohl bewandert. Offenbare Unrichtigkeiten sind uns nur selten aufgestossen. So ist die altchristliche Architektur als Ganzes und in ihren einzelnen Erscheinungen irrig aufgefasst. Die Illustrationen sind mit wenigen Ausnahmen von guter Ausführung.

Lübeck. Eisenbahnztg. 80. 291.

Der Tempelbau. Dieses Buch schildert in populärer, verständlicher Sprache, die durch die vielen Illustrationen sehr unterstützt wird, die Art und Weise, wie die auf dem Titel angeführten Völker die Künste zu ihren Religionsübungen verwendeten. Schon in den ältesten Zeiten weihte man der Gottheit ein nach innen und aussen würdiges Haus; diese Gebäude wurden zur Zeit der Babylonier, Egypter und namentlich der Griechen wahre Prachtbauten, wovon noch manche Ueberreste bis auf uns gekommen sind und welche uns heute noch in Erstaunen und Bewunderung versetzen. Das vorliegende Buch macht den Leser mit der Entwicklung dieser Tempelbaukunst in Kürze, aber gründlich bekannt; es sind keine gelehrten Abhandlungen, aber doch für Fachleute, für jeden Gelehrten, für Zöglinge der theologischen Schulen besonders von hohem Wert.

Mainzer Ztg. 80. 291.

Der Tempelbau. Recht belehrend und unterhaltend zugleich für Solche, welche das Wichtigste der Architektur kennen lernen wollen.

Mannheimer Journal. 80. 299.

Der Tempelbau. Dieses zunächst für die reifere Jugend, namentlich aber, wie der Titel auch besagt, für Zöglinge theologischer und technischer Lehranstalten und verwandter Schulen bestimmte Buch bietet anregende und unterhaltende Lektüre Gebildeten aller Stände. Die kirchliche Baukunst und ihre Beziehungen zum Kunstleben werden in übersichtlicher Weise behandelt, und wird dem jungen Leser nur so viel geboten, dass er sich bequem merken kann, das aber auch in möglichst allgemein verständiger Form. Wir wünschen dem hübsch ausgestatteten Werkchen eine freundliche Aufnahme und den damit Beschenkten volle Befriedigung.

Neu-Ulm. Repert. d. Pädagogik. 80.

Der Tempelbau. Dieses zunächst für die reifere Jugend, namentlich aber für die Zöglinge theologischer und technischer Lehranstalten und verwandter Schulen bestimmte Buch bietet anregende und unterhaltende Lektüre Gebildeten aller Stände.

Nürnberg. Korrespondent. 80. 640.

Der Tempelbau. Belehrend für die reifere Jugend, interessant für Erwachsene. Die Aufnahme der Abschnitte »Götterwesen und Götterkult«, sowie jene der rein kulturhistorischen Notizen über Land und Leute wird allgemein ansprechen. Die Ausstattung des Buches ist trefflich.

Strassburg. Elsass-Lothring. Ztg. 80. 304.

Der Tempelbau. In wissenschaftlich gediegener und doch allgemein verständlicher Weise wird hier ein weites Feld der bildenden Kunst eingehend erörtert. Wir sehen die religiösen Bauwerke von fast fünf Jahrtausenden vor uns aufsteigen und lernen sie in ihrer Bedeutung würdigen und verstehen.

Stuttgart. Staats-Anz. f. Württemberg. 80. 284.

Der Tempelbau. Diese neu erschienene Schrift ist nicht für Fachgelehrte, sondern für einen grösseren Leserkreis, die gebildeten Stände überhaupt, besonders aber für Zöglinge theologischer, technischer und hiermit verwandter Lehranstalten bestimmt. Der erste Theil dieses mit 200, grösstenteils sehr ansprechenden und charakteristischen Textillustrationen geschmückten Werkes, behandelt die Bauperiode der wichtigsten Kulturvölker des Orients und Occidents in vorchristlicher Zeit, der zweite Theil die christliche Zeit, und zwar zuerst den Kirchenbau im christlichen Altertum, hierauf im christlichen Mittelalter und sodann in der christlichen Neuzeit. Als Anhang wird der Kirchenbau im neunzehnten Jahrhundert in Kürze behandelt. Die Skulptur und Malerei werden, soweit sie in dieses Gebiet hineinragen, ebenfalls nach ihren hervorragendsten Schöpfungen in Wort und Bild dargestellt. Das hübsch geschriebene Werk kann für die Zwecke populärer Belehrung um so mehr empfohlen werden, als es an brauchbaren kleineren Schriften ähnlicher Art immer noch fehlt.

Wien. Christl. päd. Blätter. 81. 4.

Der Tempelbau. Das vorbezeichnete Buch zeigt in klarer und übersichtlicher Form die Entwicklung der religiösen Kunst im Baue der Gotteshäuser von den Anfängen des Altertums bis auf die Neuzeit bei den verschiedenen Völkern, insbesonders die der christlichen Zeit. Das einleitende Kapitel über »Götterwesen und Götterkult« dient als Abrundung des Ganzen. Die schönen Illustrationen geben dem Werke einen höheren Wert. Wir empfehlen das Buch insbesonders für Theologen, Zöglinge technischer Lehranstalten und für alle Gebildeten zur Hebung des Sinnes und Verständnisses für kirchliche Kunst.

Wiesbaden. Tagblatt. 80. 294.

Der Tempelbau. Das hochinteressante Buch ist einerseits kulturhistorische Studie, andererseits eine successive Einführung in die Technik und Stylarten der Architektur, mit gründlicher Sach- und Fachkenntnis ausgeführt und doch dabei in unterhaltender Form dargestellt. Zur Erläuterung und Anschauung dienen 200 stylgerechte und schöne Text-Illustrationen. (Preis 4 M. 50 Pf.) Die Spamer'schen Verlagswerke zeichnen sich, was Ausstattung betrifft, stets durch klaren, grossen Druck, vortreffliches Papier, schöne und kräftige Kartonirung aus, Vorzüge, welche auch bei dem vorstehenden Buch voll und ganz in Erscheinung treten.

Berlin. Museum-Zeitung Nr. 3 v. 24. April 1881.

Wir machen auf ein sowohl hinsichtlich seiner reichen Ausstattung mit ausgezeichneten Holzschnitten, wie wegen seines gediegenen Inhalts sehr beachtenswertes Buch aufmerksam, welches im Verlage von Otto Spamer erschienen ist und den Titel führt: »Der Tempelbau der vorchristlichen und christlichen Zeit oder die bildenden Künste im Dienste der Religion bei Heiden, Juden, Mohammedanern und Christen.« Das mit 200 Text-Illustrationen und einem in Chromographie ausgeführten Titelbilde versehene Werk ist bestimmt, in die Geschichte und das Studium der kirchlichen Kunst einzuführen. Der Verfasser ist Dr. Joh. Nep. Diepolder, kgl. bayer. Gymnasialprofessor, welcher in den verschiedenen, eine bewundernswerte Beherrschung des wissenschaftlichen Stoffes verratenden Kapiteln das gelehrte Material in sehr ansprechender Weise verarbeitet hat, so dass namentlich Zöglinge theologischer und technischer Lehranstalten und verwandter Schulen, sowie Gebildete aller Stände das Buch mit hohem Nutzen lesen werden.